小さな一歩が会社を変える

マーガレット・ヘファナン

鈴木あかね 訳

Beyond Measure

The Big Impact of Small Changes

Margaret Heffernan

朝日出版社

Asahi Press

TED Books

パメラ・メリアム・エスティへ

目次

本文中の引用文については可能なかぎり既存の和訳を参照し、
一部は内容に沿うよう改訳しています。―― 訳者

訳注は[★]で示しています。

仕事の中には自分を見つけるチャンスがある。
私はそれが好きだ。

——ジョゼフ・コンラッド

イントロダクション

私たちは仕事に関することすべてを数字で測ろうとします。でも大事なものは数えることができません。収入、経費、生産性、貢献度、社員の離職率など、数字があれば安心できますし、管理できているという幻想も持てます。でも企業がめざましい成功、あるいは大きな失敗をすると、その理由は突きつめればたったひとつにある、とその企業のCEOから清掃員にいたるまで全員が考えます。すなわち、その企業のカルチャーです。企業文化は数字で測ることができず、ときには理解をも超えており、組織における「秘伝のタレ」のようなものです。ひと味違う何かをもたらすけれども、誰もそのレシピがわからないのです。

組織文化がパラドックスに満ちているのは、文化が大きな違いを生み出すわりに、それが複数の小さな行動や習慣、決断の数々からできているためです。社内ピラミッドの頂点から最底辺まで、そして企業の中でも外でも、いたるところで行なわれている、小さな積み重ねが組織文化を作りあげていますす。何の秩序もないようでいて、実際には一人ひとりの行動のすべてがその一端を担っているのです。

このことは悩みの種でもあり、幸運の種でもあります。管理者層にとって悩みの種なのは、文化は数字で測れないどころか、自分の手の届かないところで、勝手な意志を持っているように思えるからです。文化を数値化することはできないかもしれませんが、その改革を試みたときの失敗率の高さは測れます。ほぼ70%です。こうして、文化とは捉えどころがなく、管理しにくく、手に負えないものと考えられてしまいます。

文化が幸運の種である理由は、一直線にできあがった体系ではないからです。相手の話をよく聞く、問いを投げかける、情報共有を心がけるといった小さな変化の積み重ねで、その組織が本来持っているはずのアイデアや発想力、人と人との関係性を、数字では表せないほど大きく変えることができます。こうした蓄積が響き合って、ついには組織自体を変えていくまでになるのです。言い換えればCEOから清掃係にいたるまで、誰でも変化を起こすことができるのです。

良き組織文化は一人ひとりが小さな変化を心がけることでできあがっている、という考え方は、とある業界が変革する際に大きな役割を果たしました。1972年、ブリティッシュ・ヨーロピアン航空の旅客機が離陸3分後に墜落し、乗員乗客118名全員が亡くなりました。これほどの規模の悲劇となるとトップを1人すげ替えたくらいでは収まりません。大惨事をさらに苦い経験にしたのは、もしも多くのスタッフが離陸前に抱いていた懸念や心配の数々を言葉にできていたら、これほど多くの死者を出さずに済んだかもしれないという事実でした。事故原因の究明調査で明らかになったのは、自由に意見を言い合うこと、都合の悪い疑問も問うてみること、お互いに懸念を共有することなどを怠った結果、致命的な事故が起こったという事実でした。社員同士の壁、部署間の壁、地理的な壁といった小さな壁の一つひとつが業界そのものを危険にさらしてしまったのです。

この大事故のあと、社員は互いの信頼関係を築き、情報共有と意見交換を大事にするなど、より協力して働くようになり、それが民間航空業界の文化を変えました。懸念を口にしたり、疑問を投げかけたり、注意を促し、提案をしやすくするような体制が導入されました。秘密主義をやめて、オープンになりました。これまで隠蔽されがちだった失敗は学習の機会として認識され、恥をかかせたり、責任追及なしに広く共有されるようになりました。命令に従うだけだったのが、積極的に意見を言うよう求められ、次第にあらゆる部署から意見が出てくるようになりました。この新しい働き方は「公正な文化」と呼ばれ、もっとも自然に反した移動手段を、もっとも安全なものへと変えたのです。

現在、働く現場のあらゆるところで「公正な文化」が必要とされています。これは事業の「墜落」を防ぐためばかりでなく、一人ひとりが持っているアイデアや気づき、懸念、考え方の中でもとりわけ良いものを表に引き出すことが必要とされているからです。現代では、一部の社員だけが生き生きと仕事をし、残りの社員は受け身で、やる気を奪われ、幻滅して座っているだけという贅沢《ぜいたく》を許す余裕はないのです。私たちが抱える課題は巨大なのに、時間は限られている。組織に埋もれた豊富な人材を一人でもムダにしてはいられません。「公正な文化」の下では一人ひとりのスタッフが持つ創意工夫の意欲や自発性、知性を引き出し、想像力を発揮したり、真実を語ることが善とされます。成功への道には多くの失敗がつきものですが、スタッフ同士の信頼関係を築き、個々の野心を引き出すほうが、忠誠心の強い人だけに報酬を与えるよりも価値があるのだと、「公正な文化」は教えてくれます。組織を健全にするためのリーダーシップとは、市場や株主、ステークホルダーや上司、同僚が何を考えているかを忖度《そんたく》することではなく、自分のため、そして他のスタッフのために考え、口を開く勇気を持つことなのです。

組織文化は一直線の体系立ったものではないので、少数のスター社員だけに依存しません。社員一人ひとり、系列会社の社員や取引先、顧客にいたるまでのすべての集合知が資源《エネルギー》になります。組織文化とは本来的に民主的なものので、寛大で謙虚な考え方が必要です。「情報が力だ」として大事にするあまり、胸にしまいこんで隠しておくことはありません。その代わり、情報はシェアされ、ひらめきやアイデアが生まれるように広められます。職場環境が健全かどうかを診断する目安がひとつだけあるとすれば、社員同士が連携しているか、その結果、新しいアイデアが自然に流れ出しているかどうかでしょう。正しい企業文化においては、一人ひとりが大切な存在です。オーシャン・スプレイ社のCEO、ランディ・パパデリスが言う通り、「全員が勝利しないかぎりは勝者はいない」のです。

この言葉は当たり前のように聞こえますし、当たり前でなければなりません。私はアメリカとイギリスで会社経営の経験がありますが、企業で受け身の姿勢が蔓延《まんえん》している様子には驚きます。CEOと話すと、オフィス内にやる気と創意工夫が欠けていることに不満を感じていると口を揃えます。一方、社員と話すと、規則やルーティンが多くて、自発的に考えようにも考えられないと嘆くのです。私の仕事はリーダーに経営アドバイスをすることですが、リーダーたちが自分は何でも知っていなければならないと感じて身動きがとれないでいる一方、彼らの下で働くスタッフたちは黙ってはいても本当はもっと会社のために貢献したいと考えているのです。どの会社でもどんな立場の者でも「サイロ化」、つまり組織の壁について不満を持っています。まるで過去7年間の緊縮財政による効率化は社員の関係性を良くするどころか、そのあいだに壁を築いてきたかのようです。

何人もの企業家と面談しましたが、結果的にはすばらしいアイデアだったのに、当初は社内で共有しようとしなかった事例を数えきれないほど見てきました。こんなことを言ったらバカにされるのではないかとか、既定路線から外れるからとか、企業戦略とは関係ないからとか、冒険的にすぎる、強引にすぎる、クレイジーすぎるなどと考えてしまったからです。また、人間は問題点を指摘しにくいと感じるだけでなく、反対意見を提出したり、新しいアイデアを追求しにくい環境だと感じると、つい黙ってしまいます。でも沈黙という受け身な姿勢には代償がつきものです。この中で改善やイノベーションのチャンスがかき消されていってしまうのですから。

どの国に行っても、「この問題は自分たちの国に特有の問題なのだ」と言われたものです。ハンガリーでは国の歴史ゆえに公の場で自分の意見を言うのを恐れるのだと説明を受けました。シンガポールでは面子《めんつ》を立てなければならないからだそうです。ラテン・アメリカでは元凶はプライドだそうです。

オランダでは謙遜を重んじるキリスト教カルヴィン主義のせいであり、イギリス人は伝統的に控えめだから、アメリカ人は自分たちは体制順応的な国民性だからだと言うのです。その他のいろいろな国で聞いた話を総合して私が辿り着いた結論は、人間にはできれば対立を避け、他者を喜ばせたいという気持ちが洋の東西を問わず、普遍的に存在していて、その結果、私たちはエネルギーを消耗し、自発性や勇気を削がれているのだということです。

失われたチャンスについて一人ひとりに話を聞いても、全員が同じことを言います。「うちの文化が悪いんだ」と。「文化」があらゆる失敗の言い訳にされているのです。では、どうしたらこれを解決できるのでしょう? みんなで、としか言えません。だからこそ本書はＣＥＯから清掃員まで、働きやすい職場を望む、すべての人に向けて書かれています。この本は毎日の思考や習慣の小さな積み重ね、たとえば話し方や聞き方、議論の仕方、考え方、物の見方といったことがカルチャーを生み出し、定着させていくということに着目します。数百万ドルかけて何年がかりにもなる社内改革プランではありません。誰でも、いつでも踏み出せる小さな一歩であり、大きな変化のきっかけとなるほんの小さな一歩を紹介しています。

本書を読んでも一夜にして会社が大変貌を遂げるわけではありません。この本は自己啓発セミナーやビジネスセミナーの講師に好まれる、どこでも買えるお手軽ヒント集ではないのです。その代わり、この本では「考えること」について多くのページを割いています。考えることは単調で、ローテクで、忘れられがちで、いつだって過小評価されています。でも人間は考えているとき、今していることをやめる必要があります。そのままやめていると、思考は常識や専門用語、さまざまな忖度や思惑を越えた先へと漂い始めます。そこで初めて私たちは、自分は何を信じているのか、どんな人間なのか、本当は何を言うべきかを理解するのです。私たちは立ち止まって考えるときによ
うやく、仕事が育んでくれる精神力や知恵、他者への共感力や想像力、喜び

や苛立ち、発見や献身の喜びを見つけることができるのです。そして要するに、これらすべてが冒頭で述べた「数字では測れないほど大事なもの」なのです。

第1章

クリエイティブな対立

世界的なラグジュアリーブランドの会議室に成功した重役たちが21人集まっている様子を思い浮かべてください。全員が高収入で裕福、高級なスーツを着て、身のこなしもスマートです。ところがそれこそが問題なのです。一人ひとりが完全無欠であるがために、お互いに信頼関係を結ぶことができません。表面的にはすべてうまくいっているようでいて、到底順調とは言えません。ここでは「沈黙は金」ではありません。沈黙は対立や衝突を隠しているだけなのです。

表層の高級感をはぎとれば、この現象はどんな企業でも見られます。会社のトップから清掃員にいたるまで、たいていの人は社内の衝突と立ち向かおうとはせず、むしろ避けようとします。自分の感情的な対応に不安を感じ、また、それ以上に他人の気持ちを気にします。この結果、とにかく衝突だけは避けようという行動パターンが育まれます。心理学者はこれを「カバーリング」と呼びます。具体的には人は職場に来た途端、個性や自分なりの価値観、こだわりや情熱を覆い隠そうとするのです。そして衝突を避けることにエネルギーを注ぐあまり、新しいアイデアを追求できず、ついには行き詰まってしまいます。しかし、「公正な文化」の下ではむしろ衝突とアイデアを同時に生み出そうとし、それによって問題点を可視化し、追求し、安心してそれらと向き合えるようにするのです。

シーラ・エルワージーは水面下に潜む対立を一目で見抜く名人です。ノーベル平和賞に3度もノミネートされた彼女は、兵器の製造に関わる人たちと兵器の使用をやめたいと考える人たちのあいだに立ち、意義のある対話を進めることに人生を捧げてきました。冒頭の高級ブランドの重役たちとはあまり縁がない人物かもしれませんが、彼らの役に立つ知恵を彼女はたくさん持っているのです。

「たった20分間のグループワークをしただけです」と彼女は言います。「まず、邪魔の入らない、リラックスできる場所で2人組になり、向かい合って座ります。片方がかなり突っ込んだ、本質的な質問をします。『本当のあなたはどんな人間ですか』とか『人生で心の底から手に入れたいものは何ですか』といったような。問われた相手は5分間、真剣に答えを考えます。頭も心も全身をフルに使って考え、そのあいだに何を感じたか、何を考えたかすべてを相手に伝えます。この5分間、2人ともお互いに目をそらしてはいけません。聞き手は感情を表に出してはいけません。微笑んでも、眉をひそめてもダメ。答えを誘導するような表情はすべてNGです。それから役割を交代して同じことを繰り返します」

シーラのグループワークは単純ではあるけれど非常に奥が深いものです。参加者には目的意識が要求されるし、集中して、心をさらけ出さねばなりません。対話にルールを設けることで、ついふざけたり、あとから難癖をつけるといった、職場での本当の対話を日常的に阻害する要素がなくなりました。代わりに、自分が本当は何を考え、どう感じているかを口にし、じっくり話を聞いてもらえるという貴重な体験が得られたのです。こんな体験、オフィスでは滅多にできません。

「私たちはこのグループワークを『問題解決』ではなく、『問題変容』と呼んでいます。童話の中では恐ろしいドラゴンの足下にいつだって宝物が隠されているように、対立からも貴重な教訓が得られます。このワークのような対話ができれば、オフィスの問題点を明らかにし、感情的にならずに話し合うことができるのです」

シーラのグループワークの効果は絶大だったため、今ではこの企業は行き詰まるたびにこれに取り組むようになりました。仕事を中断し、腰を下ろして、お互いのつながりを再確認するのです。グループワークの質問はエスカレートすることもあります。「あなたは何を愛していますか」「あなたは何を恐れていますか」「あなたにとって最高の望みは何ですか」

「効果は抜群で、問題点を客観的に見つめ直すことができました」と参加者は振り返ります。「お互いに正直になれた。15分のセッションが4時間の会議に匹敵するんです」

「公正な文化」の目的は、最適な判断を下すために必要な情報や知識、考えのすべてを可視化することです。ということは、グループで行なう必要があります。なぜなら、チームワークが良ければ建設的な対立が生まれ、そこで生じる価値観や考え方の衝突でアイデアはより洗練されていくからです。とはいえ、たいていの人は衝突を恐れるでしょうし、あえて対立を好む人はまずいないでしょう。ある調査でCEOの42%が、職務の中でもっとも自信がないのは衝突を解決することだと答えているように、リーダーの立場にある人たちですら対立を面倒だと考えています。それでもうまくやれば、シーラ・エルワージーが唱える「問題変容」が起こって、関わる人全員が成長するというポジティブな体験ができるのです。

違いがさらに大きな違いを生む

クリエイティブな対立を生むためには、性格や経歴、考え方や人生観などがそれぞれ異なる人たちが集まっている必要があります。しかしそういうケースは非常にまれです。その理由は明らかで、私たち人間はみな「バイアス」を持っているからです。人間の脳は共通点を見つけることで効率良く動こう

OCTOBER
4

BURIED UNDER THE DRAGON'S FOOT IS ALWAYS A GEM—SOMETHING TO BE LEARNED FROM CONFLICT.

ドラゴンの足下に埋まっているのはいつだって、宝物——対立から学べる教訓。

とします。たとえば過去の体験との共通点を見つけると、先回りして今回もだいたい同じだろうと考え、新しく学習するという面倒な作業を省略しようとします。ここに落とし穴があります。自分がいちばん慣れ親しんでいるのは、自分だからです。毎日鏡で見るのは自分の顔だし、一日でいちばんよく聞くのは自分の声。そのため、人間は自分に似た相手を好み、安心や信頼を感じてしまうものなのです。統計を見ても、人は人生のパートナーとして身長や体重、年齢、出自、知能指数、国籍、人種などがほぼ自分と同じ相手を選ぶケースが圧倒的に多いことがわかっています。私自身、かつて若手テレビプロデューサーだった頃、最高に優秀な制作チームを立ち上げようと意気込んだことがありましたが、実際に採用したのはほぼ全員が大学では文系出身で、ヨーロッパの言語を何カ国語か話せて、身長170センチ前後で、誕生日が6月の女性、つまり私と似た人物ばかりでした。優秀なチームを作りたければ世界に向けて広く窓を開け放たなければいけません。でも私たちはこのバイアスゆえに、窓ではなく、つい鏡に向かってしまうのです。

このことはもちろん、過去何十年にもわたって、多様性を呼びかける研修やセミナーでの基本メッセージであり続けてきました。すなわち男女混成チームのほうが必ず良い成績を残す、ということです。もっとも優れた情報網は異なる経歴やスキルを持った幅広い層の人々で構成されています。そしてほとんどの企業は自分たちのターゲットである市場の要求に応えようと努めます。しかし、理想とは裏腹に私たちに偏見（バイアス）が働いてしまうのだとすると、クリエイティブな対立に必須となる多様性をどのように確保すればいいのでしょうか。

それを教えてくれるのがテッド・チャイルズです。私がチャイルズと知り合ったのは、ロンドンのＩＢＭ本社で行なわれた多様性をめぐるとある会議でした。この手のイベントのパネリストはたいてい女性なので、アフリカ系アメリカ人の男性が出てきたときは驚きました。でも彼が話し始めると、そこに彼がいる理由がわかったのです。

チャイルズは自らのバイアス、偏見についての体験を語りました。無自覚なうちに広がり、自分と違う見かけの人たちの能力に対して目を曇らせてしまう、油断ならない、目に見えない偏見というものについて。そしてＩＢＭ社内における闘い——会社に規約を履行させた結果、何千人もの優秀な女性社員が出産後も退職せずに仕事を続け、社内の支援を受けて自分なりのキャリアパスを描き、昇進もできるようにした自身の闘争について語ったのです。男女の雇用機会の均等という問題について、これほど説得力を持って話す人を見たのは初めてでした。何年もあとになって、なぜあそこまで多くのことを成し遂げられたのかチャイルズに聞いたことがあります。やはり彼が女性ではなかったからでしょうか？

「そうでしょうね」と彼は答えました。「自分の所属しない集団の利益のために戦うのは普通の戦いとは全然違います。僕はＩＢＭでダイバーシティ（多様性）対策の担当になったとき、黒人社員に重点を置こうとは考えませんでした。力を入れたのは女性とゲイ、障がい者の社員についての問題です。だからこそみんな警戒心を解いてくれたし、僕が知的誠実さを持ってやっていると信じてくれたんだと思う」

チャイルズはまさにロンドンの会議で私が感じたことを言葉にしてくれたのです。すなわち、無私の人は誰から見ても立派な道徳的権威だということ。真にクリエイティブな議論をしようと思えば、自分の世界に固執するのは常にリスクです。自分の世界から出ることこそが力を持つのです。

クリエイティブな対立を訓練するには

同質性が強すぎるところではクリエイティブな対立を起こすのは不可能で

すが、同時に恐怖が支配するところでも対立は起きません。

活発な議論には曖昧さや不確実性がつきものですが、家庭でも学校でもこれらにどう対応すればいいかを教えてはくれません。でも学習で身に付けることはできます。ブルック・デターリンは言います。

「誰でも定期試験の前には勉強するし、オーディションを受ける前やテニスの試合の前には練習をしますよね。だとしたらビジネスの場での議論や対立にどう対処するか、練習をしたっていいはずです」

デターリンは自ら考えた「勇気あるリーダーシップ」というテーマで企業研修を主催しています。これは組織のあらゆるレベルのスタッフが職場での問題点や懸念、考えやアイデアを冷静に、かつはっきりと口にできるようにするトレーニングです。別の言い方をすれば、彼女のミッションは組織内での「暗黙の了解」を減らしていくことで、スタッフ一人ひとりが自分なりの考えや反論を口にしたいという思いにきちんと向き合うことを教えているのです。

「初期にはグーグルでも研修したことがあります。グーグルの基本理念は『悪いことをするな』です。難しいのはどうすれば社員に『良いことをする』よう働きかけられるかでした。当時どうすれば良いことができるのか、あるいは自分たちが良いことをしてもいいのだと考えて仕事をしている社員はほとんどいませんでした。だからやり方を学習し、練習することにしたわけです」

10年前、今後はインターネット上の個人情報の扱いが炎上必至の課題になると気づいたグーグルは、個人情報保護の問題に取り組むチーム「リベレイト（解放する）」を立ち上げました。「リベレイト」の主たる役割は、社内のさまざまなチームが自分たちに情報を独占する権利があると勘違いしないようストップをかけることでした。「リベレイト」は社内であえて物議を醸してもかまわないという特権を与えられていました。そうでもしないと誰も本音を話してくれないからです。

社内の対立はさまざまな形をとって現れます。冒頭のラグジュアリー企業のように、一見すると慇懃無礼《いんぎんぶれい》なやりとりという体裁すらとります。対立はたいていの場合、一線を超えてはいけないという恐怖感で、沈黙のうちに封じ込まれます。それが良い話でも悪い話でも同じことです。そして多くの企業で、本質的で創造的な議論は口にされないまま、社員食堂や社員用駐車場といった実に瑣末《さまつ》な問題をめぐっての対立ばかりに時間と労力をとられてしまいます。

こうした状況で必要とされるのが、大切な問題についてのクリエイティブな対立に向き合う勇気とスキルと誠実さのある人たちです。メアリー・C・ジエンタイルの『Giving Voice to Values（価値観を言葉にしよう）』やロジャー・フィッシャー、ウィリアム・ユーリー『ハーバード流交渉術』（三笠書房）、ケリー・パターソン『ダイアローグスマート——肝心なときに本音で話し合える対話の技術』（幻冬舎ルネッサンス）といった著書に共通するのは、人間はオープンになりたいと心の中では思っていても、勇気がなくてできないということです。私たちにあるのは意見を伝える声だけ。それでも声の伝え方を学ぶことはできます。

デターリンのワークショップに参加したルークの例を挙げましょう。彼の上司であるCEOは喧嘩っぱやく、契約とは脅したり、威嚇《いかく》して取り付けるものと心得るタイプでした。これはルークの価値観とは真っ向から対立するものであり、彼は自分の信念を貫くため、デターリンのシンプルなアドバイスに従うことにしました。衝突について考え、同僚と話し合い、自分なりの対応方法を練習したのです。

「僕が正しいと思う行動パターンに反して行動するのはものすごいプレッシャーでした。それまでは事を荒立てないよう、自然に衝突を避ける行動を取っていたんです。でも衝突の練習をしたおかげで、今回は自分の信念に正直に主体的に残りの契約を取り付けることができました。自分の価値観を見失ったり、創業社長からの圧力に屈したりせず、自分の考え方を死守して、納期を守ったうえでプロジェクトを進め、最後には目標額を上回る成績を残せました」

ルークの場合、自分の価値観が危機に立たされていると認識したのが大事な一歩でした。疲労が溜まっていたり、集中力がとぎれていたり、逆に納期や締切、目標値に気を取られすぎていると、それすら難しいものです。人間はしばしば、自分にとって大事な倫理観が危機にさらされていることに気づかないと言われます。そして気づいたときには後の祭りなのです。ルークが学んだのは、自分の中にある「黙っていたい」という誘惑を認識すれば、立ち止まって、何を選択すべきか考えられるということでした。相談相手や味方を持ち、対立への対処法を練習することで、自らの信念に沿って一歩も引かないでいられる自信がついたのです。

ついつい対立を避けたくなる誘惑に打ち勝った人は必ずこう言います。

「組織はこちらが想像するよりもずっと柔軟だったんです。次に何かあったら思いきって声に出してみるつもりです」

自分の価値観やポリシー、アイデアをオープンにしたほうが仕事は豊かになり、魂がすり減らされるような不毛な対立を建設的な対立に変えることができる。そう彼らは気づいたのです。あるエグゼクティブはこんなふうに言います。

「(対立を避けるのをやめたら) どんな仕事も〝実験〟だと思えるようになりました。自分の成長のためばかりでなく、一緒に働いているスタッフ、そして会社の健全な成長のためにも難しい状況を喜んで受け入れるようになったんです……というより、今ではあえて危機を探すほどです」

大事な違い

ドイツの哲学者ハンナ・アーレントは思考とは自分との対話だと定義しています。一方で、組織における「思考」とは同僚と会話をすることです。意見や新しいアイデア、データや解釈をテストしてみたり、広げてみたり、反論してみることです。その後の対話を実りあるものにできるかどうかは情報や問いの質にかかっています。

情報というものはそれぞれ「違っていたい」という特性があります。つまりみなが同じ情報を持っていたら、人間が5人も集まる必要はなく、一人いれば十分です。全会一致とは参加者が真剣に考えていなかったことを意味します。一人ひとりの思い込みや価値観を追認する代わりに、そこにある情報をより豊かにしたり、広げたりできるデータや体験談を持ち寄ってはどうでしょうか。新しい着想を得たいときに最適なパートナーとは、こちらの発言に逐一同意してくれるイエスマンではありません。いろいろな考え方や新しい見方を示したり、むしろ反論をしてくれる人です。自分は人と違うどんなことを提供できるだろうか?と自分に問いかけてみてください。その答えこそがあなたの存在意義になるのです。

CIA(米国中央情報局)長官の特別補佐やCIAと連携する国家情報会議の副議長を務めたハーブ・マイヤーの仕事は各国の情報を評価することでした。しかしマイヤーは自分のところに寄せられる調査結果に次第に不安を覚えるようになりました。組織にはありがちですが、集められた情報はどれも常識を追認しているだけだったからです。いわく、「冷戦は依然として続いている」「ソ連の軍事力に衰えは見られない」。マイヤーはこうした見解に反するデータがないのをおかしいと考え、疑心暗鬼になっていきました。もし今の常識的な認識が真実ではなかったとしたら? その場合、CIAにはたとえばどんな情報が寄せられるだろう?

重要な決断を下すときにはあらゆる角度から問いを立てて状況を検討すべきですが、このマイヤーの疑念は私の知る中でも最高の問いだと言えます。つまり、「もし自分たちが間違っていたとしたらどんなことが起こりえるだろうか」という問いです。マイヤーはソ連が崩壊しかけている場合に起こりうる現象をすべて箇条書きにし、諜報部員に送信しました。これならコストはかかりません。もし当てはまる現象が何もなければ、現在の常識が正しいということでかまいません。ところが最初に戻ってきた中に、週1回運行している食用肉の運搬列車が強盗に遭ったという情報が入っていました。しかも軍隊が召集され、対応しましたが、当局はこの件について沈黙を守るよう軍隊に命じ、解散させたというのです。

「経済がうまくいっていればこんなことは起こるはずがない」とマイヤーは考えました。「肉を盗もうなどと考える人間はいないだろうし、軍隊が介入する必要もない。それで何かあるなと考えたわけです。すると次から次へと似たような事例が出てきました」

マイヤーはソ連の崩壊を世界でも初めて予測した一人として歴史に名を残しました。それは直感が優れていただけではなく、その直感を信じて行動を起こし、反証を探し、「もし自分たちが間違っていたらどうなるだろう？」という優れた問いを立てる勇気と聡明さがあったからです。マイヤーは直感的に感じた懸念を放っておきませんでした。それをバックアップする情報と味方を見つけようとし、対話の流れを変えたのです。これこそが最良の衝突なのです。

正しい問いを立てれば正しい決断が下せる

建設的な対立を引き起こすのに大事なのは疑問を持つこと、問いかけることです。問いかけることで探求の扉を開き、新しい情報を招き入れ、議論の枠組みを新しい視点で再構成できます。ロンドン・ビジネススクールに通っていたころ、私はケーススタディで使った質問を1冊の本にまとめていました。すぐに古びてしまう事例と違って、問いそのものは今後も通用するし、考える習慣になるだろうと考えたからです。たとえばこんな問いです。

・われわれの決定から利益を受けるのは誰か。どのように受けるか
・もっと自信を持ってこの決定を下すには他に何が必要か
・この決定の影響を受けるのは誰か。逆にこの決定を導くのにもっとも影響力のない人たちは誰か
・どうしても今日決めなければならないものはどれか
・これはなぜ重要なのか。そしてそのことの何がそんなに重要なのか
・これが正しい決定だという理由をすべて挙げよ。これが間違った決定だ

という理由をすべて挙げよ

実りのある話し合いや議論はどんな組織にとっても不可欠です。うまく進められれば、みんなの心の中にある恐怖心や疑心暗鬼を可視化し、その下に隠れていた新しい着想を掘り起こせるからです。また、私たちが目をそむけがちなものに目を向けさせ、自分の頭で考え、より研ぎ澄まされた思考や、発想の転換を促します。これこそが組織のあらゆるレベルで決定的に大事なのです。正しい議論ができたかどうかを確認する研修を取締役レベルでコーチするのがドナ・ハムリンです。その指導の要点は「自分が発言するたびに3つの問いを立てよ」。これで対話が広がると言います。

重大な決定をするときは、あえて反論する役回りの人を立てましょう。ノーを言う役の人はどんな意見についても徹底的に反証を挙げ、どんな見解にも反対の見方を示すことで、それまで些細《ささい》なものと見なされていたり、軽視されていたり、脇に追いやられていた見方やデータを可視化させるのがミッションです。ただし、この役だけをやっていると、いちばん熱心な賛成派ですら反対派にまわってしまいます。お互いに役割を交替すれば、批判的で建設的な対立を引き起こすすばらしい効果が生まれ、それぞれが自分の考え方をリフレッシュする好機となります。

世界的なアニメーション企業、ピクサー社長のエド・キャットマルは、ピクサーが作品を企画する際に必ず開く「ブレイントラスト会議」はいつも熾《し》烈《れつ》を極めると言います。会議は緊張感に満ち、熱心な議論が交わされます。問題解決ができるのは参加者全員が本音で語るからです。自分の見え方や立ち位置を確認するための発言で時間をムダにする人はいません。参加者一人ひとりが思いつくかぎり最高の提案を監督に示し、さらに大事なのは、監督にはいかなる提案を受け入れる義務もないということです。他に、ライバル企業の安全対策委員を役員会に迎えている航空会社もあります。大事な問題を自信を持って決断するには同業者からの批判的視点が不可欠だと考えているからです。どちらのケースも、経験から導かれた知恵や問いかけ、話を聞くこと、長期的な信頼などを組み合わせることで、問題点や新しいアイデアを可視化するための協力体制を制度化したものと言えます。

失敗から最大限に学ぶには

「公正な文化」においては、できるかぎり最高のイニシアチブや社内体制を築き上げるために、みながアイデアや経験、問題意識、自分なりの疑問や視点を持ち寄らねばなりません。それでも完全ではなく、いつだって間違いは起こります。ただ、間違えるのを怖がっていては自由に発言したり考えたりできません。したがって「公正な文化」という考え方にとって不可欠なのは、善意で行なわれているかぎり、失敗は恥ずかしいことではなく、むしろ学習する絶好の機会だという認識なのです。

マサチューセッツ総合病院の整形外科医デイヴィッド・リングはある患者の人差し指に生じた手根管症候群（手のしびれ）の手術を行ないました。術後レポートを書いているときに初めて、手術での間違いに気づき、慌てて修正しました。でも、リング医師はそれだけに甘んじず、自分がなぜ間違えてしまったか徹底的に調べ上げ、その結果わかったことを論文にまとめて『ニュー・イングランド・ジャーナル・オブ・メディスン』で発表したのです。この論文はニュースで取り上げられるほど話題になりました。

それ以来リングは、医療における失敗を共有することの重要性を説く専門家として積極的に発言しています。

「自分の間違いをオープンにできなければ何も学べません。下手をすれば自分は完璧だと信じこんでしまう――これほど危険なことはありません。自分の間違いを認められる人は他の人の間違いも受け入れられます。そうすることで自分も、組織全体も成長できるんです」

また、ワイナリーのトーレス社には大きな黒い本があります。これは不祥事を起こした従業員の名簿でも、業績不振の販売店のリストでもありません。「トーレスの黒い本」は失敗の記録簿です。ミスが起きたら必ず、その当事者が自分の失敗を書き込むのです。たとえば最高財務責任者（CFO）は為替へッジで20万ドルの損失を出したことを記入しています。この本の価値は記録するという行為自体にあるのではありません。新人社員は必ず、この黒い本を読むことになっており、失敗を繰り返さないために失敗からの学びを共有すると同時に、誰でも間違いを犯すという心強いメッセージを受け取ります。権力や地位にかかわらず人間は間違いを犯します。失敗こそが進歩の第一歩なのです。

あらゆる決定は仮説にすぎません。選択というものは、いま手に入る情報をもとになされますが、その選択が将来の成果を生むかどうかは誰にもわかりません。もし予想通りの結果ならば、私たちは「自分たちは正しかった」と言い、そうでなければ「あれは失敗だった」と言います。でも正確には、後者は最初の仮説が証明されなかったというだけのことです。これを「失敗」ではなく、「新しい情報」として捉え直すことができれば、対話はさらなる探求につながり、議論を通じて思考が深まります。「私の思い違いだった」とあっさり認めることができれば、完璧主義というプレッシャーからも解放されます。

たいていの組織は口では失敗の大切さを説くものですが、現実に失敗をオープンに話せると考えている人はほとんどいません。最近の調査では、自分の失敗を口にできるのはプライベートで付き合いのある、ごく近しい相手に対してのみだと答える人が88%で、どんな人の前でも失敗談を話せると答えたのはたったの4%にすぎませんでした。しかし前掲の医療ミスの例の通り、失敗を公表すれば安全性は高まり、経験も蓄積されます。自分が間違えたとき、どれほど頻繁に、どれほど簡単に認められるでしょうか。自分の過ちを認められる人ならば、他人の間違いも受け入れられるでしょう。航空技術のように高度に複雑な手続きは、参加者全員が当事者意識と責任感を持ってはじめて、安定するのです。

建設的な対立は殴り合うためのボクシング・リングでもなければ、和やかな社交クラブでもありません。ピクサーのエド・キャットマルはどの映画も最初の企画段階ではひどかったと言っています。同じことはアイデアや疑問、直感にも言え、最初は荒削りで、いい加減で、的外れでも仕方ありません。初期のアイデアや観察にわずかな可能性のきらめきを見つけるのは泥から砂金を見つけるのに似ています。見つければもてはやされるものの、見つけるのは至難の業で、すぐに価値が出るわけでもありません。チームワークを発揮して力を合わせ、小さなアイデアを精製し、形を整え、磨き上げるのです。

こうした衝突を通して、輝く黄金がようやく顔を見せるのです。

第2章

社会資本

ボストンでソフトウェア企業を経営していたとき、ビジネスモデルを根本から修正する必要があると気づき、役員会でもそれを指摘されました。私の会社の製品サービスはありきたりで、買い手がワクワクしたり、固定ファンができるほどではなく、強化対策チームを作らねばなりませんでした。結果的には、このチームが実に多様性に富んでいたのです。メンバーは若手のウェブ制作者、変人と言われていたメディア業界のベテラン、ビジュアル・アーティスト、そして私です。私たちはハンバーガー・レストランの個室に1

週間陣取って、できることを箇条書きにし、安易な解決法は却下し、一人では辿り着けない答えを求めて叱咤激励し合いました。それはそれは密度の濃い1週間で、あれほど知的刺激を受けた学習体験は数えるほどしかありません。チームはずば抜けており、かつ成功も収められました。でもなぜでしょう？　あれほどバラバラな集まりがあれほどうまく共同作業ができたのはなぜだったのでしょう？　クリエイティブな衝突の体験をあんなにも生産的にできた秘訣は何だったのでしょう？

もちろん優秀な人材ばかりだったから、と言えばそれまでです。実際、集まった全員が優秀でした。でももっと大事なことに、このチームにはソーシャルキャピタル（社会資本）がありました。つまり日々の仕事の質を豊かにし、チームに弾力性を与えるお互いの信頼、知識、互いに助け合おうとする気持ち、そして共通の規範が備わっていました。どんな会社でも有能なスタッフを揃えることはできます。けれどアイデアや問題点を共有し、思考を刺激し合い、さらにリスクを事前に注意し合えるのは、チームのメンバーの気持ちが互いにつながっているからです。社会資本は「公正な文化」の根幹をなします。これこそ「公正な文化」を支えるもので、また「公正な文化」があるから社会資本が生み出されます。

トム・マローンはマサチューセッツ工科大学（MIT）での集合知をテーマとした研究の中で、クリエイティブに問題を解決できるチームの特徴を分析しました。研究の目的は、あるチームが他のチームより優れた成果をあげる要因を突き止めることでした。リサーチしてみると、個々人の知性（IQ）は結果に関係がありませんでした。チームのほぼ全員の知能指数が高いとか、1人か2人の天才的な人材がいることは重要ではなかったのです。他より優れた解決法をたくさん導いたチームには3つの共通点がありました。第1に、構成員一人ひとりの発言時間がほとんど均等でした。優秀な成績を残したグループには特に誰かがチェックしたりルールを作ったわけでもないのに、独裁者もいなければお荷物扱いされる人もいませんでした。全員がほぼ同程度に貢献し、全員の意見が尊重されました。

第2の特徴は、人間関係における感受性が高かったことです。一人ひとりがお互いの気分や態度の微妙な変化に敏感でした。メンバーは共感力を測る「まなざしから心を読む」というテストで好成績を収めていました。相手が何を求めているかに敏感なチームだったわけです。第3の特徴は、成績がいちばん良かったチームには女性が多かったということです。女性が多かったためにチームの多様性が高まったのかもしれないし、あるいは一般に女性のほうが共感力に長けているからかもしれません。

この研究のポイントは、メンバー同士のつながりがいかに決定的かということです。同様の結果を示す研究はいくつもあります。

この研究を知ったとき、私は本章の冒頭に挙げた自分のチームの体験を思い出しました。メンバーは全員知的で、経験豊富でした。そして相手の意見を鵜呑みにする人はおらず、誰もが相手の意見を真剣に聞きました。私たちは答えが必要だと思っていましたが、誰か一人が答えを持っているわけではないこともわかっていました。一人の力ではできないことを共同作業で産み落とさねばならなかったのです。いらいら、ジリジリ、やきもきしたこともありました。でも裏で何かを企んだり、抜け駆けする人はおらず、全員が同じ目的に向かって真剣に取り組みました。あらゆる面で非常に幸運だったわけです。では、偶然や幸運に頼る以外のやり方はないのでしょうか。

共感力は教育できるか

５００人のビジネスリーダーを前にした講演でマローンの研究成果を紹介したとき、聴衆から「共感力は教えることができるものだろうか」という質問が出ました。企業は共感力のある人材を選りすぐって採用するべきか、それとも後天的に教育するべきか。一見すると共感力――つまり他人の視点から見えている世界を想像できる能力――を基準に人を採用するのは基本中の基本のようにも思えます。顧客も同僚もあなたと同じようには物事を見ていないし、他者の視点を共有することで人は学習します。とはいえ、人間的に完成した形でキャリアをスタートする人はいないし、大事なスキルは常にあとから学習できます。

ここで思い出すのはキャロル・ヴァローンという人物です。現在キャロルは3つの企業を見事に経営していますが、初めて会ったときはウェブCT社を経営していました。ベンチャーキャピタルの出資を受け、ボストンを拠点に自分で立ち上げたベンチャー企業（最初の社名はユニバーサル・ラーニング・テクノロジーでした）とカナダのNPOとの合併で生まれた会社でした。もとの組織が持っていた文化が違うために、ヴァローンは本質的にまったく異なる人たちを、お互いへの共感とリスペクトに溢れ、知的で機能的なチームに変えるという課題に取り組みました。

会社の年間予算を立てるとき、各部署のリーダーは自分の部署の予算案を持ち寄りますが、そのあと別の部署の同僚が管理職会議でその他部署の予算を正当化できるようになるまで説得しなければなりません。技術責任者（CTO）はマーケティング部の利益を擁護し、営業部のトップは管理部の立場から発言し、カスタマー担当部は技術部のニーズについて説明します。シンプルとはいえこの方法の効果は絶大でした。会社全体を他部署の観点から見なければいけないのです。相手も同じように自分の部署を守ってくれるだろうという信頼のもとに、一人ひとりができるかぎりのことをしようとしました。全員が全員の意見を聞かねばなりません。自分の順番を待っているだけではだめです。要するにヴァローンは「共感」を教えていたのです。管理職全員が会社を他部署の立場から見られるように訓練し、どの部署もかけがえのない存在であり、ともに依存し合っていることを認識させたのです。

　大企業でも、多くの人がこうしてペアを組んで問題解決するのを私は見てきました。部署のトップは支局のトップに反論し、その後は役割を交代します。こうしてお互いの立場から切羽詰まった問題や将来起こりうる問題について学びます。共通の問題点を見つけ、お互いにサポートし助け合うにはどうすればいいかを考え始め、共感力が育まれます。たいていの人が対立に尻込みするのは、関係性が壊れてしまうのではと恐れるからです。ですが逆に（ともに真剣に働いているときの）正直な対立はむしろ人間関係を深めます。議論を避けても何も生まれません。相手の議論に真剣に向き合ってはじめて、他者の立場に立てるのです。

モルタルとレンガ

建物を頑丈にするには、レンガだけではなくモルタルも必要です。ここで言うモルタルこそが社会資本です。持ちつ持たれつという信頼感を生み出す、人と人とのつながりです。社会資本という考え方はコミュニティの研究、とりわけストレスがかかったときにいかにコミュニティが生き残り、繁栄できるかを考えるなかで生まれました。今ではこの概念は、変化や不測の事態、不確実性にさらされている組織を説明する際にきわめて重要な概念になっています。地域共同体と同じく職場でも、個人と企業の弾力性を高め、対立にうまく立ち向かえるようにするには、ソーシャルなつながりが死活的な役割を果たすのです。

部署のトップが持ちつ持たれつの関係にあることを認識して、ヴァローンの予算作成ワークはより良いアイデアや決断のために協力すべきだという空気

信頼　知識　「お互い様」　コミュニケーション　共有

を作り出しました。高いレベルでの社会資本があれば社内の対立を安全に、より活発に、そしてオープンにでき、そこに好循環が生まれます。クリエイティブな対立はうまく引き起こせれば社会資本を醸成し、それがまた衝突を安全に、建設的にします（反対に、社会資本がないところでは誰もオープンに考えたり発言したりできず、その結果、本来必要な人間的つながりを作ることができません）。

社会資本を構築する、と言うと抽象的に聞こえますが、実際には小さな行動の積み重ねです。ビジネスリーダーたちにこう話すと、彼らの多くが、自分の組織を根本から作り変えた、小さな経験を振り返ってくれました。あるリーダーは自社の部門の孤立化について語りました。社員が各地に散らばり、職務もさまざまなので、お互いに信頼感を築けないというのです。そこで彼はそれぞれの部署が互いについての短編映画を作るよう指示しました。まさかそれほど本気で取り組むとは思いませんでしたが、上映会のためにわざわざ全社員を映画館に集めました。結果に彼は驚くことになります。どの映画も真剣に作られ、独創性とユーモアに溢れていました。この結果、社内全員がやる気を出し、前向きになったのです。

「最初は気づかなかったけれど」と彼は言います。「あれは社会資本を作る訓練だったんですね」。映画を制作するとなるとお互いを知らねばなりません。するとお互いを気遣うようになります。社員をグループで作業させることはビジネスの基本だとこのCEOは理解しました。

最近は自分のデスクにコーヒーカップを置くのを禁止する会社もあります。これはコンピュータを守るためでなく、社員をコーヒーマシンの周りに集まらせるためです。ASEグローバル社ではデスクでのランチを禁じています。全員にきちんと休憩を取ってもらうためでもありますが、どちらのルールも社員同士が親交を深める機会を生みます。

「うちの会社のランチルームは充実しています。でもそれだけでは不十分です」とASEのCEOのロブ・ジョーンズは言っています。「私たちの会社はお互いが持つ価値観を大事にしているんだということをわかってもらいたくて、ルールにしたんです。うちのビジネスにとって大事なことだと考えています」

スウェーデンでは仕事中にあえて同僚とともにする「フィーカ（fika）」という習慣があります。コーヒーとケーキが出され、上下関係なしで、仕事や仕事以外のことを話すのです。フィーカという言葉は「一体感」とも言える響きを持ち、単なるコーヒーブレイクを越えたものになっています。スウェーデンの研究者テリー・ハーティグはこれを「集団による回復」と呼び、ともに時間を過ごすことが人間関係とビジネス両方における価値を生み出すのだと言います。

アレックス・ペントランドはコールセンターにおけるコミュニケーション・パターンを分析し、コーヒーブレイクをチーム全員で一斉に取るよう提案しました。一見すると非効率的に感じますが、このように社会資本を醸成する場を作ると社の売上は1500万ドル伸び、従業員の満足度は10％上がりました。たった一度の休憩を手に入れただけで、この効果です。

私が初めてソフトウェア企業を起業したときは、職場環境の意味について無知でした。集めたのは若くて頭が良く、体力もやる気もある人たちで、みな猛烈に働きました。でも全員が自分の業務とゴールに集中しすぎて、互いのギブ・アンド・テイクはほぼありませんでした。猛然と仕事をしていましたが、協力はなかったのです。1年目にしてすでに縄張り争いが起きようとしていました。エンジニアたちはマーケティング部の声が大きすぎると考え、経理は営業チームは社内にいないくせに経費を使いすぎると思っていました。業務はただのやりとりとして、淡々とこなされていて、人と人との関係は育ちませんでした。

私が思いついた解決法はここに書く意味があるのかと思うくらい単純なことでした。金曜の午後には早めに仕事を切り上げて一堂に会し、毎回、数人が自分自身のことと、これまでの仕事について話し、全員でそれを聞くことにしたのです。パワーポイントを作った社員もいれば、スケッチを見せた人、歌を作った人、昔話を語った人もいました。こうしてお互いの理解が深まりました。エンジニアは初期のインターネット・ブラウザの立ち上げに携わった経歴があり、マーケティング担当者は誰もが知るコピーを考えた人でした。ロシア出身のデザイナーは国を離れるのにどれほど大きな危険を冒したかを語りました。お互いへのリスペクトが生まれるのが肌で感じられました。10年後、完全に異なる業種の企業で同じことをやっても同じ効果が見られました。役員たちが互いの人間としての価値に気づき、信頼関係を築くようになると、社員同士の仕事がよりダイレクトに、よりオープンに、そしてより大胆になりました。社会資本は使うほどに増えていきます。信頼感とギブ・アンド・テイクの気持ちを見せれば見せるほど、そのお返しも増えるのです。

これを数値で裏付けるのがMITの研究です。アレックス・ペントランド率いる研究チームは病院、銀行、コールセンターなど幅広い業種でのコミュニケーション・パターンを調査しました。そこからわかったのは、人間関係は他の要素（個々人の知能、スキル、性格、議論の内容）を全部足したのと同じくらい大事だということでした。人間関係、つまりは会議の場にとどまらない、ふとした日常会話や、廊下や休憩時間での短いやりとりは、生産性において数値化できるほど明らかな違いを生み出すのです。この発見は私たちがすでに体感していることを数字で裏付けました。すなわち組織における真のインフルエンサーはネットワークの節点にいる人、つまり、より多くの人と付き合いがある人だということです。こうした人たちは上のほうの肩書きだとはかぎりませんが、それこそが彼らの財産なのです。そしてこうした人たちを通して社内の社会資本が作られ、変化が加速していくのです。

時間が社会資本を作る

ユーリ・アロンは学界では物理学と生物学の垣根を取り去ったことで知られています。ただしもっと有名なのは2010年の「やる気のある研究チームを作るには」という論文のほうでしょう（時間との戦いの中で困難な問題を突き止め、それを解決することに自分の成功がかかっているという意味で科学者と経営者は似ています）。アロンは時間の大切さはわかっていましたが、それでも週1回2時間のミーティングのうち、最初の30分を誰かの誕生日を祝ったり、時事問題、アートといった「科学とは関係ない話題」に使いました。研究のための時間を減らしたようでいて、長期的には時間のロスを補うどころかモチベーションを上げられたとアロンは言います。科学について論じる時間が来るとアロンは一人ひとりに仮の審判役とかブレインストーム係といった異なる役割を与え、ラボの中に建設的な対立を生み出しました。これで、メンバー間の絆を築くことができたと彼は言います。科学の飛躍的進歩につきものの困難や混乱にぶち当たったとき、科学者の誰もが頼りにできる絆です。アロンがこうした発見をできたのは、まさに社会資本があったからでした。

チームの絆づくりに手間暇をかければ、生産性を上げ、リスクを減らせます。国家運輸安全委員会によれば、航空機事故の73％はチーム結成の初日に起こっており、44％が初フライトで起こっています。逆に何年もフライトを一緒にしてきた操縦チームで事故の起こる確率は圧倒的に低い。故リチャード・ハックマンのチームワーク研究によれば、優れたチームは安定しています。長いあいだともに働き、お互いをよく知っているので、信頼関係があるのです。人の配置を頻繁に入れ替えても創造性は高まりません。かえって破壊的で、危険性が高まります。新しいことはリスクなのです。安定したチームの中であれば、役割交代は長期間の共同作業から生まれた仲間意識を保ちながら、適度な変化を生みます。最新のアイデアや知識を取り入れるために常に新人が必要とされる研究開発の分野ですら、3、4年に1人だけ新人を採れば十分だというのがハックマンの結論です。

高いレベルの社会資本がない場合、活発な議論や意見交換は望めず、困難な課題を解決できません。クリエイティビティには安心できる環境が必要で

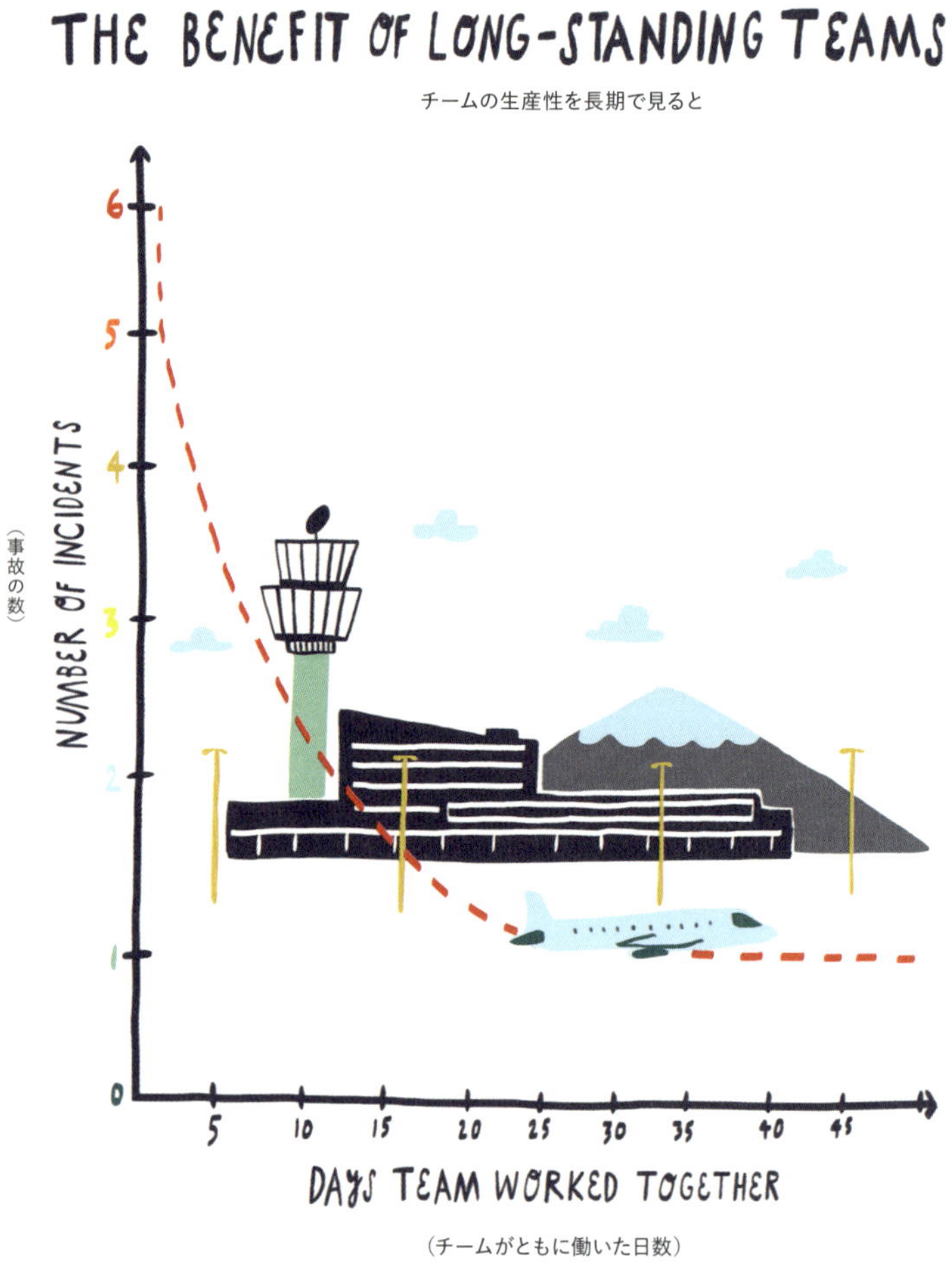
THE BENEFIT OF LONG-STANDING TEAMS
チームの生産性を長期で見ると
NUMBER OF INCIDENTS
（事故の数）
0
1
2
3
4
5
6
5
10
15
20
25
30
35
40
45
DAYS TEAM WORKED TOGETHER
（チームがともに働いた日数）

すが、社会資本なしでは誰も斬新な発想や意外性のあるアイデアを出したり、実験的な問題にあえて挑もうとはしません。もっとも優秀な人材すら社会資本を必要とする、とあるＣＥＯは自分の失敗例として話してくれました。

非常に優れた役員が香港支店からヨーロッパの本部へ異動になりました。誰もが彼に期待していたのに、彼は着任すると目に見えて憔悴《しょうすい》していきました。馴染んだチームから引き離されて社会資本を失った状況には知性だけでは対応できなかったのです。彼は香港に戻ると、また花形スターに返り咲きました。賢明にもこのＣＥＯは、これを個人ではなく組織の失敗だと結論づけました。ＩＱだけでは生産性は高められないという事実を理解できていなかったというのです。知性が花開くためにはサポートや安心感、公平な態度、人とのつながりや信頼関係が必要なのです。

社会資本というのはベタベタした人間関係のことではありません。会社の同僚と大親友になれとか、常に機嫌良くしていなければならないということでもありません。最高のチームとは多くの場合寄せ集めですが、「ベストとは言えないものには我慢しない」という感覚を共有しています。不機嫌なオーケストラは元気なオーケストラよりも演奏がうまかったりします。より上手に演奏することに集中していて、彼らにとっての喜びはともに演奏した結果であって目的ではないのです。高いレベルの社会資本を持つ組織では、意見を異にすることは危険信号ではなく、真剣さの現れとして捉えられるだけです。物事を考えるときの最高のパートナーは、自分の意見に追従してくれる人ではなく、それを土台にさらに展開してくれる人です。後者の人たちはどんなアイデアも最初は不完全だったり、あるいは率直に言ってまるで役に立たないということをわかっています。社会資本の高い組織ならば、対立や議論、討論はアイデアを洗練させるための手段なのです。

社会資本を築けば組織の生産性や創造性が増します。信頼性が高まって、安心感と誠実な雰囲気を作るからです。その結果、会社はより効率的になり利益も増えます。どうしてでしょう?　ちょっとした助け舟を求める心理的ハードルが下がるからです。助け舟などと言うと弱気に聞こえますが、製紙や銀行、製薬、流通といったさまざまな業種を調査してみると共通して、チーム内の助け合いは収益やコスト、生産性、効率性のどれにも直接影響するとわかりました。助け合いができるチームは知識と経験をどんどん共有し、行き詰まったり、わからなくなった人を置いてきぼりにしません。問題を未然に防ごうとし、誰かが孤立したり、除け者になったりしないように気をつけます。社会資本は使うたびに増えていきます。グループで長く一緒に働けば働くほど社会資本は増え、その恩恵も大きくなります。信頼、助け合い、訓練、勇気が私たちの日々の仕事に新たな活力を与える「再生可能エネルギー」となるのです。

パワー・リスニング

実験をしてみましょう。次に会議に出るときに一言も発言しないのです。簡単なようですが、人の話に耳を傾けるのには勇気が必要です。なにしろ聞こえるすべてをそのまま受け入れなければならないのですから。

多くのエグゼクティブにとって、こんな実験はさながら拷問です。エグゼクティブという人種は、会議室に入るときにこれからどんな話をするか落としどころを決めているからです。誰の意見も聞かず、他の人の話を遮る完璧なタイミングを捕まえて、自分の意見を述べ始めます。しかし高いレベルの社会資本を築くには、自分の話と同じくらい相手の話を聞かなければなりません。マローンは誰もが均等に議論に参加することが非常に重要だと気づきました。自分の話をするのと同時に人の話も聞き、変化を受け入れる勇気と謙虚さを発揮して初めて、真にダイナミックな効果が生み出されるのです。

クウェーカー教徒にとって、聞くという行為は現在をより深く体験することです。会議というものはバラバラの考え方を集めたものであり、話を聞いているときの沈黙はコミュニケーションの失敗ではなく、人へのサポートの一種と捉えられています。クウェーカー教徒でもあるコンサルタントのオーウィン・マッカーシーは、しばしば次のような依頼を受けます。役員会に参加して、結論が見えたと思ったときには赤い旗を揚げるのです。マッカーシーの経験によれば、会議ではみな自分

の貢献度に夢中になってしまい、自分たち自身が前向きな議論への道を封じてしまっていることに気づかないといいます。

マッカーシーはプロの聞き手として仕事をするようになりました。同業者には世界有数の聖歌隊であるウェルズ大聖堂聖歌隊の指揮者、マシュー・オーウェンズがいます。

「音を出すよりも聴く能力のほうが大事なのです」とオーウェンズは言います。「コーラスでは、お互いの声をよく聴き、相手に合わせなければいけません。最高のアンサンブルとはよく聴き、よく合わせること。つまり共鳴こそが音楽を特別なものにするのです」

オーウェンズが「聴いている」ときには全体、つまり演奏する空間や雰囲気と個々の歌い手との両方に耳を澄まします。聴くためには2種類の耳が必要なのだと彼は言います。

彼が指揮者としてやっていることは私たちも会議でできることです。つまり場の雰囲気を聞き分け、効果のありそうなことを後押しし、調子が下がりそうなら持ち上げ、速度と進捗具合の微調整をします。グループを際立たせるのは聞く能力、そしてこれまでになかった新しい反応を生み出せる能力だということをオーウェンズはよくわかっているのです。

社内の地位が上がるほど、聞くという姿勢は大事になります。リーダーが口を開くと、たいていの人はお互いの話をやめて、自分たちの立場を確認し始めるものです。でもリーダーが話をやめさえすれば、優れた聖歌隊のように、メンバーは自然とお互いの声に耳を傾け、その音が共鳴し合うようになります。まさにこのとき優れた成果が生まれるのです。

イントゥイット社の創業者スコット・クックの場合、意外性を求めて話を聞きます。自分の仮説とは矛盾していたり、反証となるようなコメントやデータを探しているのです。フォード社のグローバル消費者動向調査部門のトップ、シェリル・コネリーは、自分が賛成できないことや意外と感じたものをすべて書き留めています。またメモ魔でもあります。メモを見直すと、議論の勢いで熱くなっている最中には目に入らなかった細部の意味に気づくことがよくあるからです。私の場合は、そこで口に出されなかった意見を捉えようとし、グループ全体のノリと、それに対するみなの反応に気をつけます。私もたくさんいたずら書きのようなメモを書きます——そうしていると口を開かないでいられるからです。書き留めれば記憶に残りやすいということも証明されています。私がワークショップをしたグループでは、聞き手を交代で決めることもありました。聞き手は審判をするのではなく、耳を傾けて背後にある文脈を理解しようとするのです。やってみて、ラクな役回りだったと言う人は一人もいません。このディスカッションを図にする人もいます。片側に実際に話されたことを書き、反対側にその隠れた意味を書くのです。こうすれば矛盾だと感じたり、不安に思った点、表面には出て来なかった真実を簡単に可視化できます。

相手の話を聞きましょう。考える時間を持ちましょう。語られたことに真剣に答えましょう――あらかじめ考えていた反論を持ち出すのではなく。話を遮ってはいけません。このシンプルな最終手段を習慣にするのは非常に難しいですが、議論のペースを大きく変えてくれます。私たちが話を遮りたくなるのは結論がわかっていると思い込んでいるときです。でも話を遮ると新しいアイデアや考え方をも塞いでしまいます。それに、自分の話は絶対に遮られないとわかっていれば、会議の雰囲気も変わります。焦りも、残り時間をめぐる競争も消えます。自分の話を聞いてもらえるとわかっていれば考える余裕も生まれます。

「公正な文化」は社会資本があるかどうかにかかっています。社会資本があれば、クリエイティブな対立にはつきもののさまざまなフラストレーションや混乱、警戒心、新事実の解明や発見といったプロセスのあいだにも、参加者は当事者意識を持ち、安心して相手の意見を聞き、自分の意見を述べ、思考し続けることができるからです。と同時に、社会資本の重要性、つまり人間同士のダイナミズムこそが組織を活性化させるのだと認識することで、「公正な文化」は社会資本そのものも補強しているのです。

第3章

思考は頭だけの作業ではない

私はビジネススクールの授業で学生にテレビ番組を見せることがあります。ただし息抜きのためではありません。やり方はまず、ブルームバーグやCNBCなどのビジネスニュースを見せ、できるだけ多くの内容を記憶するよう言います。こうした番組では画面の下に株価情報が流れ、画面右側ではお天気情報かスポーツの試合のスコアが点滅していて、どこかの気の毒なCEOが必死に四半期の成果を説明する画面スペースなどほとんど残っていません。次に映像を止めて、学生に何を覚えているかを聞きます。答えに出てくるのは、いくつかの企業の株価、バルセロナの明日の気温、登場したCEOの企業名、そんなところです。CEOが話した企業戦略をどう思ったか聞くと、学生はあっけにとられて言います。「あれだけの情報を押しつけられて、ちゃんと考えろと言うんですか？　そんなのムリですよ！」

そう、ムリなのです。議論、健全な懐疑心、批判精神といった高度な思考は脳の処理能力の多くを必要とします。脳の資源は限られており、人の注意力はゼロサムです。ひとつのことに気を取られていたら、他のことにまで気が回りません。画面上のデータをスクロールすることに熱中していたら、分析に回す認知能力はわずかしか残りません。マルチタスクという言葉が流行しましたが、実際にはヒトの脳はそんなことができるように作られていません。「公正な文化」は、私たちが動員できる最高水準の注意力とクリエイティビティを必要とします。ですから注意力が散漫になったり、疲労や過労が重なると、まず間違いなく、根本からあっという間に崩れてしまいます。「文化」というと抽象的に感じるかもしれませんが、「公正な文化」のためには仕事中の身体的な負荷を配慮し、理解していることが絶対に必要なのです。

「モノタスク」でいこう

何もかもいっぺんにやろうとすると、仕事のできない編集者のようになってしまいます。マルチタスカーは不要な情報を切り捨てるのが苦手ですし、業務の切り替えに時間がかかります。せかせかと動き回りながら実際には時間を無駄にしているのです。さらに、脳という記憶装置にはさまざまな情報がいろいろな方法で貯蔵されているため、マルチタスカーは記憶を引き出すのに時間がかかります。マルチタスクで脳を活発に動かしているとまるで情報世界の頂点に立っているように勘違いしてしまいますが、現実には情報に振り回されているのです。

　働き方の違いはまわりまわって仕事の結果に反映されます。あらゆることに目を配ろうとすればするほど、注意散漫になってしまいます。でも焦点を絞れば、集中力も高まり、仕事の内容も記憶していられます。また疲れ果てることもありません。このように、一度にひとつのタスクにだけ集中する「モノタスキング」は効率が良いだけではありません。そこで得た知識をより上手に使えるようになるのです。これは生産性の話だけではありません。注意散漫になるときちんと思考できず、自分の頭で自分のために考えることすらできません。従順な羊にはなれるかもしれませんが、優れたリーダーにはなれないのです。

　技術者はよく「アセット・インテグリティ（資産保全）」を話題にします。システムと機械を、何か事故が起きる前によく整備・点検し、手入れしていなければならないという考え方です。工業の現場においてアセット・インテ

DATA ENTRY
POST
CALL
FILE
TAX
TALK WITH SUE
CHECK FILE STATUS TUES
BUY
CALL BOB
PRINT
TRADE
EMAIL
0157
LUNCH
TRAVEL
WORK
SHOP
INVOICE
CALL ACCOUNTS
MEET-ING
SAVE
WHAT TIME?
ORDER flowers
SEARCH
MEET DEADLINE
PRINT
STOCK LEVELS
SEND FILES
DRINKS
6 X % + = 12

グリティは安全と効率と持続可能性を握る要です。私たちは機械で作業するわけではありませんが、自分の脳こそが作業のための機械です。現場で働く技術者と同じように、その「機械」の限界に配慮しなければなりません。こんなことをしている人は少ないでしょうが、これから心がけることはできるはずです。

残業時間が増えれば生産性は下がる

1908年、エルンスト・アッベは生産性について先がけとなる実験をツアイス社のレンズ工場で行ないました。労働時間を1日9時間から8時間に短縮したところ、生産性が上がったのです。20世紀を通じて行なわれた後続の研究も、業界や国の別を問わず、生産性は必ずしも一直線には伸びないという結論に至っています。私たちは1週間に40時間までならうまく働くことができますが、40時間を越えると疲労し、ミスが出ます。結局、自分が招いたトラブルを片付けるために余計な時間が必要になるのです。

航空業界や運輸業界は長年、疲労の問題に真剣に取り組んできました。パイロットや電車、トラックの運転手のミスは、死亡事故につながる可能性があるので無視できません。しかし事故が起こっても目に付きにくかったり影響がすぐに表に出なかったりする業界はさらに厄介です。一晩中働くことは賞賛の的となり、長時間労働は献身の表れと見なされます。企業が破綻したり、大口の取引が失敗したとき（企業のM&Aの失敗率は4〜8割です）、その元凶がスタッフの脳が疲れ切っていたことにあるとは考えないのです。

人間が疲れると働き続けられないというのが問題なのではありません。働き続けるだけなら可能です。でも疲れて集中力が途切れると視野が狭くなり、アメリカ化学物質安全委員会の言葉を借りれば「人間は疲労を感じると、思考が硬直的になり、刻々と変化する状況や、普段とは異なる環境に対応するのが困難になり、正しい判断に時間がかかるようになる」のです。くたくたでヘタバっていると、もう問題を分析・解決するだけの余力が残っておらず、どんな形でもいいからとにかく問題が片付いてほしいとしか考えなくなります。視野が狭くなったときでも、ミスを正しく認識し、解決方法を模索して、良いアイデアを思いつける見込みがどれくらいあるでしょう? ほとんどゼロです。とにかくその日を乗りきることしか考えていないのですから。

2012年、フィンランドの研究者マリアンナ・ヴィルタネンは40年間にわたる公務員の研究をベースに長時間労働の長期的影響を発表しました。結果は恐るべきものでした。1日に11時間以上働いた人たちは、うつ病の罹患率が2倍になりました。1週間に55時間以上働く人は、中年期に入ると認知機能が低下し始めました。語彙力、論理力、情報処理能力、問題解決力、創造性、反応のスピード、どれをとっても、成績が悪かったのです。こうした

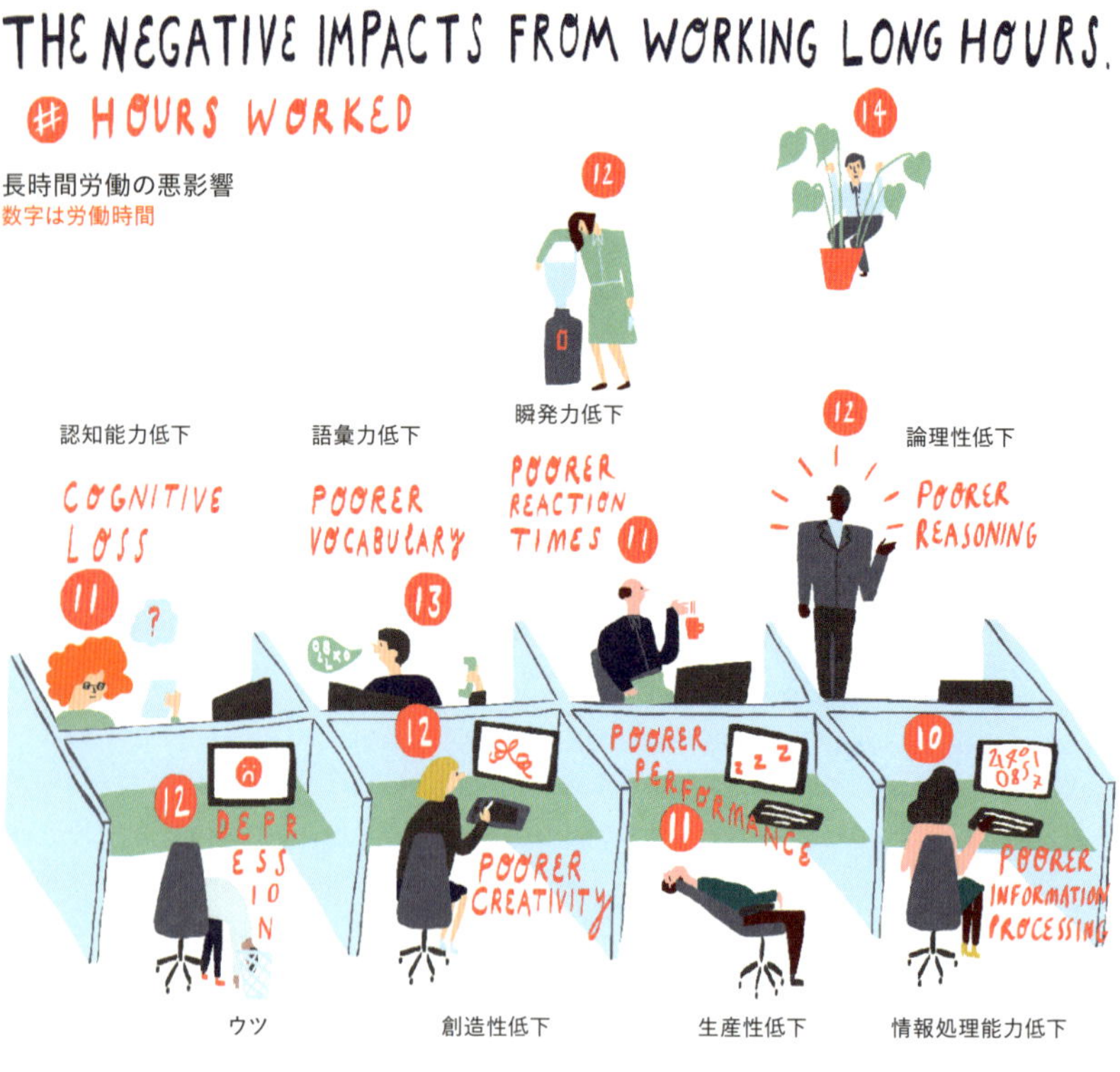
THE NEGATIVE IMPACTS FROM WORKING LONG HOURS.
HOURS WORKED
長時間労働の悪影響
数字は労働時間
12
14
認知能力低下
COGNITIVE LOSS
11
語彙力低下
POORER VOCABULARY
13
瞬発力低下
POORER REACTION TIMES
11
12
論理性低下
POORER REASONING
12
DEPRESSION
ウツ
12
POORER CREATIVITY
創造性低下
POORER PERFORMANCE
11
生産性低下
10
POORER INFORMATION PROCESSING
情報処理能力低下

軽度な認知機能の低下は早期の認知症の発病、そして死をも予見していました。

あらゆる労働災害の事例で明らかなように、疲労は業務運営上のリスクです。睡眠不足は問題を悪化させます。脳には7〜8時間の睡眠が必要です。睡眠不足による認知能力の欠如は、アルコールを限界まで飲んだときの状態にほぼ匹敵します。情報を司る脳の機能（基本的には頭頂葉と後頭葉）が不活発になる一方で、目を覚まさせる機能（視床）は過剰に活発になります。これは進化論的にも理屈に合っていますが（生存が食物にかかっているとすれば、目を覚ましていることは独創的なメニューを考えることよりも優先されるからです）、批判的思考にとっては壊滅的です。さらに、24時間続けて睡眠を奪われるとブドウ糖が脳に届かなくなり、思考にとって良くありません。思考に必要な場所でもっとも多く失われるからです。夜を徹して仕事をしていると自分が偉くなったような気分になりますが、業務に必要な「機械」をひどく傷めてしまい、ときには危険ですらあるのです。

起きている脳

夜ベッドに入るときの脳は朝起きたときの脳とは違います。ひどく疲れていたり睡眠不足だったりすると、明晰に思考できなくなり、同時に睡眠で得られるメリットも失われます。私の義父は科学者で、寝ているあいだに数学の公式を解くことで知られていました。私も一度寝ているあいだにごく簡単な暗号を解読したことがあります。元素周期表の父であるメンデレーエフはその元となった最初の法則を夢の中で思いついたと言っています。最近の例ではグーグルの創業者ラリー・ペイジが、検索エンジンのアイデアは夢の中で絵に描いたように思いついたと語っていますし、オンライン求人サイト、モンスター・ドット・コムの創始者ジェフ・テイラーも創業のアイデアは夢に出てきたのだそうです。

こうした例は偶然ではありません。眠っているとき、思考は忙しく動き回って、最近得た記憶や経験をまとめたり、整理整頓したり、再検討したりしていて、それがひらめきにつながるのです。一見でたらめなようでいて実は複雑な法則性を持つ情報をもう一度整理し直すという実験があります。この実験では、たっぷり睡眠を取った参加者はそうでなかった参加者よりも2倍も多く法則を読み取れることが実証されました。研究者たちは「睡眠はひらめきを促す」と結論づけました。参加者は睡眠中に行なわれる記憶情報の再構成によって、眠らなければ気づかなかったものに気づけたのです。

この一世紀に蓄積された研究の中で衝撃的なのは、長時間労働が、現代のビジネスでもっとも必要とされている能力、すなわち思考力や洞察力、問題解決力、シャープな分析力、想像力といった能力を奪ってしまうことです。

集中力の散漫や疲労は、自分たちの決断を分析したり、じっくり思考を深めたり、もう一度考え直すという力を損ねてしまいます。物事を疑う余力がなければ、厳しい問いに向き合ったり、私たちの根幹となる価値観をきちんと言葉にするだけの自信が持てなくなってしまうでしょう。よく休み、結果として集中力を高めた頭脳にこそ生産性と柔軟性が宿ります。賢く時間を使えば、時間は私たちの味方になってくれるのです。

ともに「静かな時間」を

レズリー・パーローは、ハーバード大学でソフトウェア企業における時間管理方法の研究をしたとき、エンジニアたちに時間の使い方を記録してもらいました。その記録は悲しいほど予想通りでした。やる気満々で朝早くから仕事を始めても、人に遮られたり、会議が入ったりで、午後遅くになるまで「自分の本当の仕事」に取りかかることができません。あるエンジニアはオフィスで過ごす12時間の中で生産的と言えるのはたった5時間半だったと答えました。しかもその時間は1日の終わりで、すでに脳は疲れきっているのです。

パーローはそうした仕事の中断すべてが必ずしも非生産的とは言えないことを見抜いていました。助けを求めてきた同僚に応えるのは当たり前です。件のエンジニアも大事な変更について情報共有をしながら、オンラインゲーム「ファンタジー・フットボール」でドラフト指名されようと休憩時間も取っていました。理想的な仕事生活にはこうした要素もありでしょう。オフィスで培われた社会的・知的資産には価値があります。問題になるとすれば、中断がどこまで仕事に影響するかという点です。

先ほどの勤務時間の記録からは、仕事には「本当のエンジニアリング」と

「それ以外」という2つの種類があることがわかりました。この違いはエンジニアでなくてもわかるでしょう。どんな仕事でも、勤務時間とは、集中力と静かな環境が必要な「本物の仕事の時間」と、会議や社員同士の助け合い、冗談や社内ゴシップに花を咲かせる「人間同士の交流の時間」の2つに分かれています。本当に生産性を高めたいのならば両方の時間が必要です。ただ、私たちが苛立ってしまうのは、いつ、どこで、何が起こるのか自分ではコントロールできないと感じるからなのです。

パーローはユニークな実験を思いつきました。1日のスケジュールを2つの枠に分けて、2種類の仕事をそれぞれに割り振ってみたらどうなるだろう？一方の「静かな時間（クワイエット・タイム）」は絶対に邪魔が入らない、一人で作業に集中できる時間で、他の人も同じように静かに仕事をします。そして、残りの時間は「その他」の作業に使うようにするのです。

週のうち3日の朝から正午までが「静かな時間」と決められました。エンジニアたちは誰もがこの仕組みを高く評価しました。生産性が65%も向上した人すらいました。時間の使い方を考え直すという、こんな小さなことが劇的な効果をもたらしたのです。この会社が始まって以来、納期通りに製品が納品されたのはこのときがようやく2回目でした。

実験の当初、「静かな時間」制度は簡単にはいきませんでした。業務に必要な情報を事前に集めるなど、エンジニアたちは「静かな時間」のためには準備がいるということを学ばねばなりませんでした。でも邪魔されることの非生産性を理解してからは、みんな賢くなりました。『静かな時間』の研究は、自分がどれほど他の人に影響を与えているかを考えるきっかけになりました」と、あるエンジニアは言います。「自分のためだけに静かな時間を持つのではなく、同僚の静かな時間のことも考えなければなりません。みんなが何を求めているかにも意識的になりました」。別のスタッフは次のように書いています。「誰もが、仲間の業務時間も大事にするようになりました。意識の力点が自分からチーム全体へと移ったのです。もちろん人の仕事をまったく中断しなくなったわけではありませんが、今は遮る前に遮っていいかどうか考えるようになりました。事前に準備するようになったんです」

これによってお互いの声かけや助け合いが減ったわけではありません。実際エンジニアたちは、「本当の仕事」がきちんと完了し、あるいは「本当の仕事」のための時間がちゃんと確保されているとわかったので、より協力し合うようになりました。業務に集中できる時間は死守されていると知って、それ以外の時間を他人のために割いてもいいという気になったのです。

誰でもいちばん大事な仕事に集中できる時間を心から求めるものですが、時間の上手な使い方は学習できるのです。優先順位をつけること、いわば自分の脳の優秀な編集者になることで生産性は50％以上アップできます。集中できる時間がきちんと確保されている人は仕事をより早く、ストレスなしに片付けることができます。

それだけでなく、本来の仕事を片付ける時間が確保されるとすばらしいメリットが生まれました。先のエンジニアたちは主体性を感じるようになったのです。つまり自分が主導権を持って時間を管理し、上司もそれを尊重してくれているという感覚です。「静かな時間」はマルチタスクを減らし、社会的にも頭脳労働的にもコストをかけずに、集中力のいる仕事をこなすことを可能にしました。また、他の人のニーズに意識的になるという教育効果も生み、社会資本を培ったのです。

私が企業に「静かな時間」を提案すると、社員のほとんどがうれしそうな顔をするのとは対象的に、上司たちの多くは部下に気軽に話しかける権利を奪われるのかとゾッとした表情になります。とはいえ、消耗することなしに納期を守れるという期待感のもと、多くの企業がこの試みを採り入れています。コンサルタントのトニー・シュワルツはかつて、会計事務所で社内のグループひとつにだけ働き方を変えるように提案したことがありました。短い休憩を挟む90分間の集中タイムを作るように言ったのです。結果として、そのグループはより短い時間でより多くの業務を終えられ、確定申告の繁忙期でも早めに帰り、ストレスをそれほど感じずに済んだのです。

この仕組みを応用したさまざまな制度を採用する企業も出てきました。オーシャン・スプレイ社では1日のうちに、そして1週間のうちにそれぞれ、会議や打合せを招集してはいけない時間を作りました。このシンプルなルールによって、仕事やそれ以外の業務を自由にスケジューリングできるようになりました。ポーリーカンパニーは「話しかけないでください」と大きく書いた、しゃれたデザインのボードを各人のブースや座席に配布しています。これらは社員単位で集中タイムを簡単に作れる方法です。個人的に知っている例では、集中するための「静かな部屋」を用意している企業もあります。そこには電話がなく、またお互いに声をかけてはいけないのです。とある「静かな部屋」のヘビーユーザーは「あの部屋にいるからっていつも仕事をしているわけではありません。ただ考えるためだけに行くこともあります。あるいは深呼吸や、次にすることを考えるために」と打ち明けてくれました。私はそうした作業も仕事のひとつだと考えます。

最高の仕事をより簡単に達成するための環境作りは、規模を問わずあらゆる集団のリーダーの仕事です。たとえ「静かな時間」のように大きな変革を必要とする組織で働いていなくとも、自分自身の時間をどう使うか考えることはできるはずです。テレビのプロデューサーをしていたとき、私は自分で自分にアポを入れていました。木曜日の午前11時から12時半まではオフィスを出て、邪魔が入らないとわかっている場所に出かけました。それが私の「考える時間」で、1週間のうちでいちばん生産的な時間でした。

「何もしない」時間を作れば、脳はとりとめもなく漂い始めます。すると、見過ごしていたけれど大事な情報を思い出したりするものです。あるいは頭を悩ませていた問題のシンプルな解決法を突然思いついたりもします。私は旅が多いので、必ず窓の外をぼーっと眺める時間を作ることにしています。望むほどの時間は取れませんが、A地点からB地点に移動するちょっとのあいだに、脳をスイッチオフできるのです。地平線を眺めるのは目にも脳にも良いことです。音楽もディスプレイもポッドキャストもラジオもなし。飛行機でも電車や自動車の後部座席でも、こうやって強制的にゆとりの時間を持つと、本当の思考が湧いてくるのです。そして退屈な移動時間が静かな隠れ家へと早変わりするのです。

漂流する心

考えるという行為こそは人間を他の動物と決定的に分け隔てる特徴で、組織に欠かせない創造性やイノベーション、生産性の高い仕事の根底をなすものです。だからといって、人々が進んで考えようとしたり、考えることを楽しいと思っているわけではありません。最近の調査によればアメリカ人の成人の83％が「リラックスしたり考えたりする時間」がほとんどなく、仮にそういう時間があったとしても楽しくないだろうと答えています。

それでも意識や心をおもむくままに漂流させれば、問題を解決し新しい視点に気づけることが証明されています。仕事に没頭しすぎていると考え方が硬直的になって、新しい法則や人々、アイデアを受け入れられなくなってしまいます。仕事の外に視点を移せば、私たちは脳の別の部分にアクセスでき、物事の理解や問題解決に必要な情報や法則を見つけられます。本当に生産的でありたいのなら、静かに集中する時間を作るのと同時に、意識や心を漂わせる時間を見つけることも必要なのです。

シャワー中や帰宅時の運転中、あるいは夕食の支度の最中にアイデアがひらめいたことがある人は多いでしょう。機械的な行動（少なくともあまり頭を使わない行動）は意識を解放し、意識しているとできないことを無意識にできるようにします。クリエイティビティは休憩を取ったり、何か簡単な作業をしているときに増大することは単なる経験則ではなく、実験でも証明されています。その中でももっともシンプルで、もっとも安上がりで、そしてもっとも効果的なのは歩くことです。

戸外でもジムのウォーキングマシンでも、歩くことは数多くの新しいアイデアを生み出してきました。一般に体を動かすと脳の働きは活発になりますが、その中でも特に歩く行為はクリエイティブな活動の成果を60％増やします。戸外を歩くのは数多くの新しいアイデアを生み出し、一方で疲れきった認知能力を回復させるようです。ブレインストーミングの前や煮詰まっているとき、あるいは単に休憩やエクササイズが必要なときは、30分歩くほうが徹夜で働くよりもずっと生産的です。

脳を漂流させるためには、一人でいる時間が必要です。とある国際的に著名な銀行のCEOは、一人きりで過ごした時間はこの5年間で1日しかなかったそうです。金融危機のあと、考える時間などまったくなくなってしまった。考える時間がいちばん必要だったときに、です。それでも中断されずに考える時間がないとき、人はどうやって考えることができるでしょう？ 世間の常識や古臭い思い込みを越えるアイデアに、どうやって孤独なしに辿り着けるでしょう？ 自分の意見や考えを説明したいと思うなら、何よりもまずそれをじっくり掘り下げる時間が必要です。最初の思いつきがベストなことは滅多にありません。それを展開するためにも時間が必要です。一人の時間とは内省だけを意味しません。自分のこと以外にも考えるべきことはいくらでもあります。むしろ、疑問に思ったことを追求し、自分の仮説に自分で反論し、弱い部分を見つけるための時間を作るという意味です。自分と対話するのであれば、自分の声を聞かねばなりません。

クランチ、そしてデトックス

ここまでの話は大事な締切や大きなチャンスのときの「クランチモード（突貫工事）」を否定するものではありません。「クランチ」は締切ギリギリの納品が日常茶飯事になっているITソフトウェア業界で使われるようになりました。みんなで夜を徹して働いていると、塹壕《ざんごう》で戦っているような仲間意識がよく生まれるからです。

「クランチ」にはすばらしい効果があります（いずれ終わるのであればですが）。2004年、大手コンピューターゲーム会社エレクトロニック・アーツのソフトウェアチームは週6日、1日8時間勤務を導入しました。ところがすぐにこれは週6日、1日12時間に、そして週7日、1日11時間になってしまいました。クランチが標準になってしまったのです。婚約者がそこで働いていたブロガーのエリン・ホフマンはその動きを傍《はた》で見ていてゾッとしました。彼女がこの流れを表沙汰にし、会社に対する集団訴訟が起こりました。

「一定の時間を過ぎると、目の焦点が合わなくなってきます。何週間ものあいだ休日が1日しかない状態だと、疲労は加速度的に蓄積していきます。肉体的にも精神的にも悪影響が起こります。チームがミスを修正したかと思えばすぐに別のミスが発生します。クランチでバグ発生率が高まりました」

集団訴訟は2006年に解決し、エレクトロニック・アーツ社は工程を見直しました。しかし他の企業はさらに先へと進んでいます。データ分析の大手SASインスティチュートは週35時間以上働くことを禁じています。理由は簡単です。仕事には明晰な頭脳と冴えた集中力が必要で、そのためには週35〜40時間労働が限界だからです。タフで競争の激しい業界において、就業時間を制限するのは企業の成功を妨げるどころか、その成長を持続可能なものにしたのです。

クランチには中毒作用もあります。とはいえ、あらゆる中毒と同様、デト

... Than STAYING LATE AT WORK.

30分歩くほうが夜を徹して働くよりもずっと生産的だと証明されています。

ックス法も各種あります。私の知人のエグゼクティブたちは1年のうちに1カ月、人によってはそれ以上長く、まったく仕事をしない期間をスケジュールに組み入れています。それほどの自由が望めない人でも必ず休暇を取るようにし、その休暇にもきつい縛りを設けて（あるいは高価にして）絶対キャンセルできないようにしています。ダイムラー社の従業員は休暇のあいだに受信したメールは積極的に消去し、休暇中なので消去したという自動応答を設定するよう会社から言われています。フォルクスワーゲン社では就業時間外にはメール機能をオフにします。ハフィントンポストでは仕事時間外にメールをチェックをしないよう社員に呼びかけています。私がインタビューをした全員、つまり部長クラスから受付担当者までが、週末を仕事からのリカバリー（回復）タイムと考えていました。おそらくもっとも極端なのはジャーナリストのエフゲニー・モロゾフのやり方でしょう。彼はラップトップＰＣと携帯電話を金庫に入れてタイマー付きの鍵をかけ、どんなに仕事がしたくてジリジリしても、月曜の朝まではインターネットにアクセスできないようにしたのです。これで脳を漂流させる時間ができるわけです。

私は夏にはフィクションしか読まないことにしています。他の時期だと小説や短編小説を読む時間はなく、読書はどうしても実用性のあるものに限られてしまいます。ですから、夏にはいつもとは違う脳の部分を使う本や、読むペースが異なる本に向かうようギアチェンジするわけです。すると楽しいのはもちろんですが、この方法にはペースを変える以上にはっきりした利点があると最近の研究で明らかになっています。全米図書賞の最終選考に残った作品の抜粋だろうと、オー・ヘンリー短編賞の受賞作品だろうと、ことによってはアマゾンのベストセラーであろうと、小説を読むことには「心の理論」を広げる効果がある、つまり他者の気持ちを理解する力を高めるというのです。ある実験では、参加者はトム・マローン（第2章で紹介）がチームワークと共感の研究に使用したのと同じ「まなざしから心を読む」テストを渡されました。3冊だけとはいえ事前に文芸作品を読んだ被験者は相対的に好成績を収めました。文学が持つ特性には効果があったのです。

一生のうちで働いている時間は10万時間に及びます。つまり「時間」は私たちのもっとも貴重な財産です。一度使ってしまったら取り返すことはできないし、時間を増やすことはできません。時間管理というと、たいていの組織はその量を測るのは非常に上手ですが、その価値を測るのは苦手です。仕事に静かに集中できる時間が私たちには必要です。頭をおもむくままに漂わせ、どれほど集中しても辿り着けないような思いつきやひらめきを得るための時間も必要です。全員が揃ってチームやプロジェクト、組織全体のために時間をともにすれば強い連帯感が生まれます。けれど、仕事から一歩離れてみることが、いちばん大きな成果をあげることだってあるのです。

第4章

組織の壁を打開する

トッド・ベディィリオンは好奇心旺盛な人物です。カリフォルニアにあるロシュ・ダイアグノスティックス社の上級ディレクターである彼は、若い頃にはいくつかの新興企業において、そして現在は世界を代表する製薬企業であるロシュ社において、バイオテクノロジー畑で企業人人生を捧げてきました。というと典型的な「企業所属の研究者」かと思うかもしれません。でもそれは違います。

「私はいつでも好奇心旺盛でした。あらゆること……つまり人間は何を、どのように、なぜするのか、といったことに興味があったんです。その結果、この会社の研究開発のありさまに不満をつのらせるようになりました。しかもそう感じたのは私ひとりではありません。研究開発部門のリーダー約250人を調査したところ、誰もが同じ不満を抱えていたのです。イノベーションを大きく阻害しているものは2つありました。上下関係が固定的なことと、社内のスキルを十分に活用できていないことです」

2つの弱点のせいで損をしているのは、研究開発部門だけではありません。私が関わった企業はどこも、固定観念にとらわれたり、クリエイティブな意欲に欠けたり、部門の垣根を越えた協力ができないことに不満を持っていました。「公正な文化」を持つ企業は社内の一人ひとりの力をできるだけ活かそうとします。しかしそのためには全員が同じ目標に向かっているという企業文化だけでなく、外の世界にも開かれていなければなりません。ここにパラドックスがあります。社内の文化を活発にするためには外部の空気を取り込まねばならないのです。

好奇心が「サイロ」を壊す

ベディリオンは同僚たちと実験してみました。まず、機械工学から生化学にいたるまでの領域で当時解決が待たれていた6つの難題を選び、その解決策をロシュの研究開発部門の2400人に社内公募したのです。その反応にトッドは失望しました。課題に目を通した社員は419人にすぎず、解決策を提出したのはたったの40人、さらにそのうちいくつかは数行に満たない程度の内容だったのです。でも1人が公募に入賞しました。血糖自己測定器の電池寿命を測るというアイデアです。とはいえ、この勝利もほろ苦いものでした。この課題を提案したのはドイツの糖尿病治療チームで、解決策をひねり出したエンジニアも同じチームの一員でした。ところがそのエンジニアはアメリカのインディアナポリス勤務で、しかもこのとき初めて自分のチームが取り組んでいた問題を知ったのでした。ベディリオンは考えこんでしまいました。このことはまさに、才能がいかに組織の壁のあいだで埋もれてしまうかを象徴していると。

一方、ロシュ社が20年間かかっても解決できずにいたもっとも難しい課題は、「イノセンティブ（InnoCentive）」［★1］と呼ばれるオープン・イノベーション・プラットフォームを利用する16万人の「問題解決者」に対しても公表されました。このときの反響は驚くべきものでした。詳細な解説やデータ、図表、実験結果などが示された力の入った解答が113件も寄せられたのです。60日間という短い期間、そしてたった2万5000ドルの報酬で、ひと

★1―イノベーションとインセンティブを合わせた造語。

つの革新的な提案が登場し難問を解決しました。

こうして課題のうち2つは解決されました。それでもロシュの研究者たちの中にはこの実験と結果に反感をあらわにする者もいました。ベディリオンは新しいやり方に興奮していましたが、多くのスタッフは「外部のよそ者」の力をちょっとでも借りたことを不快に思っていたのです。

「彼らは、はらわたが煮えくりかえらんばかりに憤慨していました」とベディリオンは言います。「『よそ者』が自分たちの課題を解決して、自分たちのシマを荒らされたと感じたんですね」

ベディリオンはこの経験から才能や能力がいかに埋もれやすいかを学びました。才能は発見しにくく、サイロ化してしまう、つまり部門別に隔離され、外界からも他の社員からも分断されてしまうのです。組織という構造は業務区分を生み出し、心理的にも壁を作ります。言い換えれば各部署の境界線、地理的な境界線、社内の序列、そして技術的な能力の優劣といったものを内在化してしまいます。専門知識があるために自ら一定の役割の中にはめ込んでしまったり、思考を狭めたり、あるいは考えすぎたりしてイノベーションが阻害されることもあります。誰もが既存のチェス盤のマス目に無意識に縛りつけられてしまい、枠を越えられないのです。

「イノセンティブ・システムはすばらしいものです」とベディリオン氏は言います。「しかし結局、問題はテクノロジーでも地理的なものでもない。原因は考え方にあります。自分の役割内に閉じこもるか、それとも好奇心を持ってその壁を打破しようとするか。オープンな心で、垣根を飛び越えるには好奇心を持ち続ける必要があります。歩き回ってみる。他の人と話してみる。誰かに何かしてもらったらお返しをする。人脈を作り、それを拡げる。箱の中に閉じこもっていてはいけません」

驚くべきことに、イノセンティブ・システムの成功例はほとんど専門領域外の提案から生まれています。筋萎縮性側索硬化症（ALS）のバイオマーカ

MENTALLY, EVERYONE GETS STUCK ON THEIR SQUARE OF THE CHESSBOARD.

誰もがチェス盤のマス目に縛りつけられてしまいます。

ーは植物学者と皮膚科医からの助力を得て開発されました。また、1989年に起きたエクソン・バルディーズ号原油流出事故の解決を現在も模索する石油流出復旧研究所（The Oil Spill Recovery Institute：OSRI）は、セメント関連のエンジニアから重要なヒントを得られました。問題を解決した人たちには興味を持ったら何でもやろうとする好奇心があり、精神的に自由でした。

ロシュの実験は同社の研究開発部門とイノセンティブというオープン・プラットフォーム間の争いではありませんでした。たしかにどちらも高次元の問題を解決しましたが、その経験はさらに大きな課題を明らかにしたのです。職場の潜在的な才能のすべてを尊重し、結びつけ、活かすにはどうすればいいのか。どうすれば組織は1カ所に才能を集めるメリットを活かせるか。答えは常識とは正反対です。すなわち才能を自由に解き放つこと。人々を縛りつけてはいけません。心理的にも物理的にも、才能を自由に解放するほうがいいのです。

ヘッドアウト――オフィスを出よう

自由な思考と部署を越えた協力を阻む心理的な障壁を取り除くために、多くの企業がオフィス内の壁をなくすようになりました。全米の企業の70％は仕切りや壁のないオープンプランのオフィスと、複数の社員が机やパソコンを共有する「ホットデスキング」を導入し、物理的に自由な空間を作って、自由な思考を刺激しようとしています。オフィスデザインが思考を決定づけるという言説に必ずしも信憑性はありません。オープンなワークスペースは騒々しいとか、気が散るとか、非人間的だと考える人もたくさんいます。私は最近、こうしたオフィスをいくつか歩いてみて、誰もがプライバシーの確保に神経をすり減らしていることに注目せざるをえませんでした。ヘッドフォンをしたり、本を積み重ねたり仮の仕切りで囲ったり、オープンにしようというよりもプライバシーを守ろうという気持ちが強いのは明白でした。

オフィスデザインだけでは考え方は変えられず、物理的な壁をぶち破っても、思考をかたくなにする心理的「サイロ」を壊すことはできません。思考を自由に解き放つためには、自分からオフィスを脱出して、普通の暮らしの中に身を置くことが必要です。

「私は10億ドル規模の事業を率いていました。ビジネスを理解するには数字のことだけを知っていればいいと信じている人は多いです。でもこれほど真実からかけ離れた考え方はありません。ビジネスの本当の意味は、それ以外のいろいろなところに転がっているからです」

ルイーズ・メイキンはバクスター・インターナショナル社の最大事業である血友病治療分野の成長を持続させるために戦っていました。しかしすぐに彼女は自分の事業の根幹は数字からは読み取れないと気づいたのです。

「血友病患者の会に参加するようになって初めてわかったんです。血友病と告げられたばかりの息子を持つ母親と話したとき、彼らにとって当社は不可欠の存在で、その後の人生でずっと私たちの製品に頼らざるをえない。当社は従来の製品をいつまでも供給し続けるだけでいいのか。新しい分野に開発費用を大胆に投じる体力がわれわれにあるか。そう考え出すと、もうただのビジネスとして捉えられなくなりました。私たちは人々の暮らしや人生の一部になっているのです。ものの見方が一変しました」

この経験で、薬の開発とその薬の市場での位置づけに対する態度が一変した、とメイキンは言います。ビジネスとしてよりも、患者とその家族と協力し、彼らに必要な治療法は何だろうと考えるようになったのです。現在メイキンはヘルスケア企業BTG社のCEOを務め、肝臓疾患、血栓、静脈瘤という非常に限定された製薬分野を重点的に手がけています。扱う分野を絞ることで患者と医師との関係をより深められたと言います。BTG社は医師をただ薬を売りつけるための哀れな標的とは見なしていません。医者と向き合うのは営業担当者だけではないのです。メイキンはこれを航海用語にならって「ヘッドアウト（頭を外に向ける）」［★2］と呼んで、どんな新しい仕事でも常に「ヘッドアウト」でいる人、つまり水平線を見渡して、より広い範囲の情勢についてアンテナを張っている人が少なくとも1人いなければならないと言っています。

多様な思考を取り入れる

スイスのロシュ・ダイアグノスティック社では、糖尿病の治療法を開発するために、マシアス・エッセンプライスが呼ぶところの「すごく変わったチーム」を結成しました。それ以前の製品は病院や集中治療室で使用されており、会社としては患者自身が自ら扱えるものを開発したかったのです。この方針転換によりエッセンプライスは糖尿病の従業員を参加させることにしました。さらにはビジュアル・アーティストであるケリー・ヒートンをもチームに加えたのです。

「外部の大胆な視点が必要でした」とエッセンプライスは言います。「ロシュで働いたことも糖尿病にかかったこともなくても、全体像を見られるスタッフ、まったく型にはまらない発想ができる人材が必要だったのです。ヒートンの貢献があまりにすばらしかったので、結局フルタイムの社員になってもらいました。彼女には誰に対しても的を射た質問ができるという貴重なスキルがあり、そのビジョンは最初からブレませんでした。この時期は徹底的

★2 船首を港の出口に向けて係留する方法。いつでも迅速に出港できる状態にあること。

に集中し、毎日、どの会議でも、時間が尽きるまでチーム全員が熱い議論を戦わせ、お互いを本当に理解して突破口を切り開くことができました」

エッセンプライスにとって、この経験はキャリアの中でもっともクリエイティブなものとなりました。現在、ロシュ・ダイアグノスティックス社の最高技術責任者として、彼がもっとも高く評価するのは、従業員を解き放ち、自由に結びつける機会を作ることです。「概して、きっちりとできあがった組織構造では、自分の部門のことしか考えない『サイロ』的思考法に陥ってしまいます。いま私が夢中になっているのは、そうした不自然な境界線を越えて異なる人々をつなぐことです。こうすればサイロを消滅させられます。境界が交差する点でこそ、もっとも創造的なものが生まれるからです」

これに似たアプローチは、世界のほとんどのスマートフォンやタブレットに搭載されるプロセッサを設計するARM社でも偶然の中から生まれました。イギリス・ケンブリッジ発の小さなベンチャー企業はいかにしてイノベーションと企画力で知られる最強の企業に成長したのでしょうか。プロセッサ部門の統合部長トム・クロンクによれば、その要因はARMのエンジニアとクライアント企業間の心理的、および物理的障壁を時間をかけて取り払ったことでした。

「私たちのビジネスモデルは必然から生まれ、進化していきました。こちらのスタッフはたった12人なのに、1万人もの従業員がいるメーカーの仕事を請けるというビッグチャンスです。うまく機能させるには私たちが向こうのチームの一員になる以外の方法はありませんでした。縄張り争いをする選択なんてなかったんです。それ以来、私たちはずっとこのやり方でやってきました。ARMではクライアント企業との接触を持たないスタッフはほとんどいません。会社に自分のデスクはありますが、そこで過ごすことはほとんどありません。大多数のスタッフがパートナー企業で仕事をしているんです」

時の経過とともに、たいていの組織では経営が自己満足的になっていきます。自分たちの事業を成長させてくれる市場や顧客ではなく、社内内部の動向にとりつかれてしまうのです。ＡＲＭ社では外の世界との関係性をビジネスモデルの基本としたので、エンジニアやアーキテクト、デザイナーの仕事や生活の拠点が本社以外の場所になりました。多くの企業が社内の分断を問題視していますが、クロンクやメイキン、エッセンプライスの経験によれば勝因はむしろ、企業と外部世界の風通しを良くすることなのです。社外との化学反応や積極的な衝突が、ビジネスをクリエイティブにするのです。

「私たちが外に出て行っているのか、それとも実は外のものを私たちが中に招き入れているのか、どちらとも言えません。いずれにせよ、私たちとクライアントとのあいだには境界というものがないんです」というのがクロンクの指摘です。「それがここのビジネスモデルの強みです。当社はエンジニア同士でも、あるいは地球の反対側にいるクライアントのエンジニアと話しているときでも、平等に感じ、行動し、考えられます。大事なことは管理体制ではありません。お互いの信頼関係なんです」

こうした企業は好奇心を原動力とし、また、驚くほどに技術を囲い込もうとしないという特徴を持っていて、従業員には社外でも世界のどこにいても快適に働いてほしいと考えます。iRobot社やイギリスの放送局デイヴなどの企業は、オフィス内に顧客の家と同じようなモデルハウスを作って、顧客の暮らしを想像しやすくしています。役員たちが交代でお客さんの役を演じる企業もあります。しかしなんといっても、オフィスの外に出て行って、あらゆる「仕事」というものの存在理由――つまり顧客とともに過ごすことに勝るものはありません。

レッツゴー　外に出よう！

「イノセンティブ」はテクノロジーを使って、インターネットが使える範囲なら、どんなに遠くからでもアイデアやエネルギーを取り込んでいます。ＢＴＧ社とＡＲＭ社も同じ目的で豊かな外部協力ネットワークを築き上げています。エッセンプライスは、ビジュアル・アーティストを仲間入りさせることでまったく異質な考え方を取り入れました。これらのアプローチはすべて、「仕事」の持つ常識的な制約を突き破り、洞察力、才能、言語、エネルギーを拡大させています。人間に本来備わる感応力を維持し、活性化させる作業、それはまさに、優れたアイデアはオフィスではなく日々の暮らしから生まれるという卓見の現れでもあります。

「ガラス細工アーティストのジムという友達がいます。ジムの作品は美しく、価格は２０００ドルくらいですが、このあいだ調子を尋ねたら、作品を売り逃したらしくてね。お客さんがクレジットカードしか持っていなくて、もちろん持ち合わせの現金では買えるはずもなくて、と言うんです」

このアーティストを友人に持つのはツイッターの創業者、ジャック・ドーシーです。しかしツイッターの成功もドーシーをオフィスに縛りつけたりはしませんでした。むしろ歩き回る自由を与えたのです。

「ジムと話したあと、ずっと考えていました。なんでジムはクレジット決済ができなかったんだろう？　そこからおそらく似たような問題を抱えている人たち、つまり工芸品を作ったり、畑の作物を売り買いする個人事業者のことを考え始めたんです。どうすればこの問題を解決できるだろうとね」

こうしてドーシーはスマートフォンをクレジットカード決済機に変身させるプラグイン、「スクエア」を思いついたのです。2014年時点で、スクエアを採用する店舗を合計すると、小売チェーンとしては全米で13位の規模になっています。ドーシーの斬新なアイデアはツイッターや消費者の意見を聞くためのフォーカスグループ、あるいはマーケットリサーチから生まれたものではありません。日々の暮らしの中から生まれたのです。ガラスアーティストの友達や、市場での経験がなければ、あるいはそれらとドーシーの持つテクノロジーの専門知識が出会わなければ、この友人はいまでも作品を売り逃していたかもしれません。

ドーシーは自分の思いつきをすぐに形にするために「テックショップ」を利用しました。これは誰でも使える一般向けのDIY工房で、溶接機やウォーター・ジェット・カッター、3Dプリンター、織機、レーザー・カッターなど数々の機械が用意されています。こうした機械は過去20年のテクノロジーの進化のおかげで以前よりも安価かつ簡単に操作できるようになりました。もっともテックショップがこれほどクリエイティブな空間になっているのは道具が備えられているからだけではありません。工房の会員になれば誰にでも手伝ってもらえる代わりに、誰かから頼まれたら必ず手伝わなければならないというルールがあるのです。テックショップ創業者のジム・ニュートンとCEOのマーク・ハッチは当初、この場を発明家や職人、起業家が集まりたくなる遊び場、あるいはクリエイティブなアイデア同士がぶつかり合う物理的なイノベーション・プラットフォームとして構想していました。テックショップがデトロイトで創業したとき、フォード・モーター社は社内公募で優秀なアイデアを提出した従業員2000人にテックショップの無料メンバーシップを進呈しました。フォード社員なら誰でも応募でき、必ずしもクルマに関連するアイデアでなくても良いとされました。社内だけでなくデトロイト中のツールや機械、専門知識が活用できるという権利に、全部署の従業員が惹きつけられました。1年後、フォード・モーター社は特許につながるアイデアの提出率を50%増加させたとしてテックショップを評価しました。

携帯電話を下に置き、まわりを見回してみてください。いま自分がここにいることをしっかり意識してください。アイデアや刺激を受けたり、パターン認識をするのは現実の世界からです。机の上で斬新なアイデアが生まれたことはありません。ただ歩くだけでも十分創造性は高まりますが、外に出ればさらに効果的です。ポリメラーゼ連鎖反応技術を発展させ遺伝子革命に弾みをつけた大発見は、会議室ではなく高速道路での運転中に起こりました。CEOの多くが自分のリーダーシップはリトルリーグの指導によって鍛えられたと言います。偉大な技術者が自分のいちばん優れた発明は趣味から生まれたと言うのもお決まりです。ビジネス的な視点で見ると、自分がサービスを提供する市場の最新動向を手っ取り早くつかむベストな方法は、現実世界と向き合うことです。そして人間的な視点から見れば、幅広くオープンなコミュニティの一員であることが、自分の脳内ネットワークを豊かにするのです。

学校の友人同士だったエリック・ライアンとアダム・ローリーは、定期的に会ってはお互いのトレンド観察ノートを見せ合い、一緒に何かビジネスを立ち上げようと模索していました。2000年初頭、2人は人々がこれまで以上に多くの時間とお金を住まいに使うようになったことに気づきました。そして、家庭で使われる住居用洗剤は有害で臭いもきつく、見栄えも悪いため人目につかないように隠されていることにも。ならば地球に優しく、香りも良く、おしゃれでつい見せたくなるような住居用洗剤を作ったらどうだろう？　このアイデアからホームケア製品専門のメソッド社は立ち上がりました。エリックとアダムが外に出て、世の中の動向やトレンドに目を光らせていたからこそでした。

エリックとアダムはメソッド社の成功後も、外の世界にオープンで世の変化に素早く反応することにこだわっています。メソッド社では有毒性化学物質を使用していないため、研究開発部門を含めた会社機能のすべてを、産業団地の中ではなくサンフランシスコのダウンタウン中心部に置くことができます。会社の顔であり「インターフェイス」でもある受付カウンターを、従業員の全員が交代で担当します。エリックが座るのは会社の無料カスタマー・サービスに応対するメーガンのすぐ隣です。人々が何のために電話をかけてくるのか、どんな悩みを抱えているか、どんな疑問や意見を持っているかを知ろうとしているのです。メーガンは自分と顧客との会話が社内で共有されるよう、また社外の世界が会社の考え方に浸透するように商品企画会議に参加しています。

約100人の従業員――「アンチ汚れ隊」――のまわりには、机や試作品が並び、チリひとつ落ちていない部屋が広がっています。ここでは「共創《きょうそう》」が全員の仕事です。ホワイトボードがいっぱいに取り付けられた壁には、誰もがアイデアや思いつきを書き込めます。しかしこの会社が拠って立つコラボレーション精神はこうしたオフィス環境によるものだけではありません。社員全員が大切な存在であり、会社に貢献しているという意識から生まれているのです。創業者たちは、堅苦しい上下関係にとらわれないよう、誰もが互いにつながっていると感じられるように心を砕いています。だからきっと、どの部屋を見ても、誰が創業者で誰がインターンかわからないでしょう。「アンチ汚れ隊」は自分たちの失敗も気軽に、平然と口にします。弁解がましくなることはありません。エリックとアダムは自分たちがいかに無知か、いかにまわりの世界から常に学び続けねばならないかを意識しているのです。

ソフトウェア企業のオートデスク社には異なる町や国に住む社員同士が仕事やデスク、自宅さえも交換できる制度があります。エンジニアリング企業のアラップ社は社員が世界各地のプロジェクトで活躍できるよう、同社が事業展開する42カ国を結んで、技術的専門知識と社会資本を互いにやりとりできる仕組みを作りました。早晩、多くの企業が幹部社員に対して顧客が通うクラブや飲み屋、店舗やショッピングモールを回れと命じるでしょう。ボランティア活動を奨励し、なかでも仕事以外のグループとの関わりを広げている社員には報酬を与える企業も多くあります。

こうした戦略の目指すところは同じです。意識を机や会議室の先へと飛び立たせ、思考をリフレッシュし、脳内ネットワークを再構築することです。

「社外」を使いこなそう

ボストン・サイエンティフィック社を起業したとき、ジョン・エイブルがこだわったのはコラボレーションでした。コラボレーションはどういう場合にうまくいくのか。なぜ多くが失敗するのか。より簡単に機能させる条件とは何か。会社外で行なわれるオフサイト・ミーティング［★3］は、多くの企業でコラボレーションが必要になったとき、つまり、喫緊の課題に対して組織の内外のスタッフが集まって取り組まなければならなくなったときに開かれます。でもオフサイト・ミーティングでクリエイティブな対立を起こそうとしても、最初の見方をリセットするどころか、かえって強化する結果になりがちです。宿泊するホテルはオフィスとあまり変わりませんし、部屋割りにもヒエラルキーがあります。ミーティングの席順も上下関係に則していて、もともとの知り合いとのほうが話をしやすい。数々の失敗を経て、エイブルは従来とは違う「社外」環境を創り出そうと思い立ちました。

「キングブリッジ［★4］が気に入ったのは、建築的に見ても感性を刺激される幻想的な場所だったからです」とエイブルは言います。「ここではすぐに自分の居場所がわからなくなってしまいます。移動のたびに広いスペース（さ

★3―社外でのセミナーや合宿のように行なわれる会議。

★4―カナダ・トロントにあるスパ施設を前身とした研修施設。エイブルが買い取り、オフサイトミーティング用施設として運営。

まざまなスタイルの廊下）を通り抜けねばならないおかげで、自然と気分が切り替わります。また、広い壁面にはアートが飾られ、一つひとつの場所がそれぞれ個性的で雰囲気が違います。『ナルニア国物語』のように鏡やクローゼットの中を通り抜けているような気分にもなれるし、音楽、照明などを駆使したクリエイティブな舞台装置を作れるスペースもたくさんあります。ゲストに驚きを与えると同時に、快適さと一人ひとりのニーズに応じた親しみやすいもてなしも可能にしているのです」

「この場所を買ったとき、ジョンはこれまで存在しなかったような空間を作りたいと考えていたんです」とリサ・ギルバートは私に話してくれました。

リサはホスピタリティ業界でキャリアを積んだあと、もてなしの心などすっかり失われた業界に幻滅し、現在はこの施設のマネージャーとして働いています。

「従来のホテルにはいろいろなサイズの部屋があります。彼はすべての部屋をまったく同じ大きさにしたいと考えていました。プレミアムフロアもプレジデンシャルスイートもなし。誰にとっても条件を平等にするためです。それから親睦を深められる空間を作りたがっていました。ダイニングルームはレストランではなく、自宅で食べているような気分になれます。滞在者は心のバリアを解いて、何時間も話し続けています。ジョンはここをプロのインテリア・デコレーターがデザインしたような空間にはしたくありませんでした。完璧すぎるところはまったくなく、置いてあるのは家庭にあるような家具ばかりです。ゲストは好きに歩き回ることができるので、自室にこもることはありません」

キングブリッジのオフサイトセンターでは、できるかぎり仕事とはかけ離れた気分で過ごしてもらおうと、意図的に快適で安心できる環境が作られました。「参加者を野外に連れ出し、遊び心を持ってもらって、ゲーム感覚で楽しみながら新しい観点を見つけてもらえるよう心がけています。会議室の外で変われれば、会議室の中でも変わることができます。新しいことを探求する勇気が持てるようになればいいんです」

キングブリッジは既存の習慣や行動をあえて壊すように設計されています。同じ効果は職場でのルールを変えることでも得られます。私が出席した中でももっとも有意義だった会議では、チーム意識の構築のためにユニークな試みが採られていました。会議の4日間、出席者は全員、最高幹部や社長という肩書きと無関係に、キッチンと配膳係を担当しなければならなかったのです。気がつくと元首相だった人に料理をサーブしてもらったり、あるNGOのトップと並んで調理をしていたこともありました。このルールの背景にあるメッセージは明解でした。この場にいる誰もが何か貢献できることがあり、全員が必要不可欠の存在だ、ということです。

家に帰ろう

産業革命の到来により、かつて家庭で行なわれていた作業はオフィスや工場に集中するようになりました。その結果、企業に特有の建築様式や家具、専門用語や規則、行動といったものが生まれました。仕事は格段に効率的になりましたが、一方でそれは仕事をそれぞれ孤立した「島」に変えてしまったのです。金融ジャーナリストのジリアン・テットが言うにはロンドンのカナリー・ワーフ地区の金融街はまさに「島」です。地理的にも精神的にも他の世界から隔離されたために、自分たちの冒しているリスクに金融関係者は気づけなくなったと言うのです。同様に、あらゆる従業員のニーズに応える贅沢な施設は効率的ですが、心地よい自己満足に酔い、社会から分断されて縮小再生産しているだけだったり、守りに入ってしまう危険もあります。

多くの組織は、社員が仕事を離れて過ごす時間に嫉妬しています。仕事こそがいちばん大事で、家庭など2番目とみなしているのです。これは根本的な誤りです。家庭生活は視点を転換するので、逆に仕事を豊かにしてくれます。仕事と違うことにこそ価値があるのです。プロクター・アンド・ギャンブル社で働くあるプロダクトマネージャーは、パート従業員を初めて自分のチームに採用したときの経験についてこう語ります。最初はパート従業員に対して敵対心を持っていたのに、考え方が変わったというのです。「職場に常駐していないスタッフの存在は驚くほど価値がありました。つまり社外にいて、店や家で家族とおしゃべりしたり、その他さまざまな場所で、日常的な人間関係の中に身を置いている人です」

家庭は市場調査以上のことを教えてくれます。家庭は会社的なヒエラルキーが崩れる場所であり、四方八方から課題が突き付けられる可能性のある（そしてそうなって当然な）場所です。家庭内での、簡単には解雇できない人たちとの口喧嘩というのは、相反する利害について耳を傾け、解決策を見つけるための訓練に最適です。家庭とは自分の価値観がもっとも露骨に表れ、もっとも活発に働き、自分とは何者で、どんな人間になりたいか、原点を思い出させてくれる場所です。家庭は自分を見つめ直す時間を持つ、自分のアイデアや考え方をじっくりと考えるための贅沢な実験場《ラボ》でもあるのです。

麻酔科医のスティーヴン・ボルシンは危険な状態に陥ることの多い小児心臓病の専門医とチームで働いていたため、何年ものあいだ苦労しました。手術時間は長く、回復が見込めないケースが多く、子どもたちは亡くなるばかりでした。ボルシンは同僚からもほとんどサポートを得られず、病院のトップは何が問題なのか理解しようとしませんでした。彼はもう口を閉ざして辞めてしまいたいという誘惑にかられました。しかしある晩、妻にこのつらい状況について話していると、それを聞いていた5歳の娘が父親のもとへトコトコと歩いてきて言ったのです。「パパ、赤ちゃんを死なせちゃダメ」。無力な子どもの視点から自分の苦境を見直すことで、ボルシンは労働慣行が変わるまで粘り強く病院へ働きかけるパワーを得たのです。

あなたに子どもがいるなら、家庭とは未来へと視野を広げてくれる絶好の場です。近視眼的なビジネス手法が問題視されている業界ならば、現在の経営判断が次世代へどれだけ影響するかという視点を持つだけで、革新的な解決につながるかもしれません。株主にどう説明するかなんて忘れてください。夕飯のときに向こう側に座っている相手の将来のために、一体あなたは何ができますか？

未来はいつでも不確実で、いつ何が求められるかわかりません。そんななかで困難にあっても立ち直るためのもっとも大きな「レジリエンス（回復力）」は、障害にもくじけず、新しい人間関係や経験と、それらから生まれるひらめきを柔軟に取り入れられる、余裕のある頭脳と心にかかっています。日々の暮らしをきちんとこなすという生き方は、仕事の時間を奪うライバルではなく仕事の良きパートナーなのです。幅広く深い経験を積み重ね、オンオフの切り替えが自由にできる心があれば、私たちは組織内で言うべきことに気づき、それを口に出す勇気を持てるのです。

第5章

リーダーシップはいたるところに

心理学の古典的な研究に、小学校の教師と教授がチームを組み、期待感が能力にどれほどの違いを与えるかというものがあります。研究チームはカリフォルニア州の1年生から6年生までの児童を対象にIQテストを実施しました。教師たちには、全体のおよそ20％を占める特定の児童が大きな可能性を秘め、めざましく進歩する潜在力があるとあらかじめ伝えられました。そしてその年の終わりに、予測は的中したのです。指名された生徒のIQはめざましく向上しました。しかし、他の優れた社会心理学の実験同様、この実験にも「カラクリ」がありました。「大きな可能性を秘めた児童」は実は無作為に選ばれていたのです。いわゆる「ピグマリオン効果」とは、期待感が先天的能力以上の結果をもたらすことを指します。持ち前の素質、才能の有無はこの際、関係ありません。すごい結果になるぞという期待感こそが、大きな成果を得る可能性をもたらすのです。

あらゆる組織で才能やエネルギー、優れた思考、そしてチャンスを生み出すのは組織の中にいる人々です。アイデアを生み出すのも、事前に注意警報を出すのも組織の構成員であるスタッフです。あらゆるリスク、そしてチャンスはその組織の中で働く者にあります。「公正な文化」が機能しているところでは、想像力を養ったり、勇気を出すために誰かから許可を得る必要などありませんが、それでもサポート体制や励まし、信頼は必要です。

期待の高さが好結果を導く

ピグマリオンの実験が世に発表されて以来、研究者たちは成人を対象とした実験でも同じ成果が得られるのか、疑問に思っていました。チームの生産性を上げるには、期待度を高めればいいのだろうか。イスラエルの2人の研究者、ルーヴェン・シュテルンとドヴ・イーデンは29の軍事部隊に属する1000人の兵士を対象に調査を行ないました。シュテルンは部隊長全員と直接面談し、テストの点に基づいて、部隊内の指揮能力の効果は予測できると伝えました。なかでも特定の部隊長には、彼らが率いる部隊がとりわけ高い可能性を秘めていること、それも個々の兵士ではなく、グループ全体がそうであると。ここでもまた、高い潜在能力があるとされる部隊は無作為に選ばれました。

実際に、他より秀でていると言われたグループには効果がありました。部下に対する期待が高い上官の率いる部隊は、成績の向上率が20%を超えたのです。さらに「ピグマリオン効果は、他人の犠牲の上にもたらされるものではなく、誰にとっても有益である」ことが実証されました。成功とは他者の失敗の上に成り立つものではないのです。

もともと調査対象になったのは、兵役従事に何ら問題のない人たちでした。仕事に不満を抱いたり、やる気がなかったわけでもなく、いたって健康でした。しかし、この研究の結果から、あらゆる組織における能力の評価・管理方法に対する見方に疑問が出てきます。才能や潜在能力を見つけ出す手段として、履歴書、面談、心理テスト、行動のプロファイリングがよく使われます。しかし、「高い潜在能力を有する者」を指名することにより、成功するという自己暗示にかけているのかもしれません。指名された者たちに特別目をかけ、トレーニングやサポートの労を惜しまなければ、当然、彼らは大成します。一方で、残りの者に突き付けられた「潜在力に欠ける」というメッセージの意味も考える必要があります。

押しつけられたランクは忘れよう

多くの組織は、ピグマリオン効果と反対の管理をして、社員の潜在力を削いでしまっています。もっともよく見られるのが「序列の押しつけ」です。組織の人員が3つのグループに分けられ、6～12カ月ごとに査定されるのです。3つのグループの内訳は上位10～20％と下位10～20％、残りがその他という分類です。ここで、勝者よりはるかに多くの敗者が存在していることは、数学の専門家でなくともすぐにわかるでしょう。トップグループのメンバーは、才能があり、可能性を存分に秘めたリーダーだと太鼓判を押されて、大喜びです。そして当然、自分の価値を認めてくれた組織の期待に応え、責任を全うしようとします。

残りの者たちはどうでしょう。最下位のグループはやる気を削がれ、組織からの離脱を求められているのは明らかです。幹部によっては辞めさせるほうが親切だと言うでしょう。一方で、労働力の大半を占める中間層のグループは硬直してしまいます。トップ層は、自分たちのエリート的立場を脅かされることを恐れて、彼らの指導育成をほとんどしようとしません。同様に、同じレベル間でも互いを助け、サポートすることには消極的です。「最高」の人材を差別化すると、「その他大勢」に対して、「向こうはリーダーだが、あなたはただの人」と言わんばかりの、やる気を極端に削ぐメッセージを発信してしまうのです。少数の成長は、他の大多数が受け身で無気力になるという犠牲の上に成り立っているのです。無論、意図したことではないにしろ、それが結果なのです。そして、自分の面倒を見てくれない社会システムを誰が大事にするでしょうか。

世界の多くの大企業は、社員のランク付けをして競争本能を駆り立て、高い成果を上げようとしています。ですが実際には、「あなたはリーダーではない」と労働力の大多数のやる気を奪いかねないメッセージを発信しているも同然なのです。彫像から人間になったピグマリオンの妻ガラティアとは逆に、さながら生きた人間の才能を石に変えてしまうようなものなのです。

大半の組織は、組織全体に目標達成を働きかけるのでなく、成果の低い者を排除することにエネルギーを使ってしまいます。査定、評価、ランキングというおなじみのツールは、管理しているという幻想を与え、人事管理を手抜きする手軽な言い訳になります。この結果、大きな問題は無視され、小さな問題の解決にばかり時間を奪われてしまうのです。反対に、社員を枠から自由にし、才能の育成に焦点を当てれば、大きく異なる結果が出るのは予想できるでしょう。

強制的にランク付けを行なうと、目に見える、肌で感じられるほどのヒエラルキーが生まれます。これはクリエイティブな組織にとってもっとも大切にされるべき助け合いの精神や責任感を削ぐことになります。とりわけ社会資本という価値の軽視につながります。そのため、長年こうした制度を重んじてきたリーダーが格付けを撤廃する決断をしたのは画期的でした。2013年にマイクロソフトのCEOに就任したサティア・ナデラは、通称「ワン・マイクロソフト」という、従来とは異なる意識を全力で育成することが非常に重要と考えています。少数のトップだけでなく、全社員が前向きに働き、また会社から大事にされているという意識や、会社に対して責任感を感じられるような環境を作るというのです。

ナデラは語ります。「いちばん大事なのは企業文化です。だから私は新入社員全員と一度は顔を合わせることにしています。彼らこそが会社生命の源なんです。そして人事管理とは社員のためにあるのだと、担当者の耳にたこができるくらい繰り返し訴えています。いちばん下のランクの社員にも、くだらない社内の上下関係にとらわれるなとわかってもらいたいのです。私たちは全社員の気持ちを理解しなければいけないし、全員の才能を余すことなく発揮させたいんです」

社員への強制的な格付けを廃止するという決断が象徴するメッセージは、全員に伝わりました。現在ナデラは、さらに大きな課題に挑んでいます。優秀で野心に溢れた社員でいっぱいの大企業の中で、一人残らず全員にはっぱをかけ、やる気を持続させるにはどうすればいいのか。この難題に挑んでいるのは彼一人ではありません。現代のほとんどのグローバル企業は「ワン・バンク」「ワン・ストア」「ワン・QBE保険」といったスローガンの人事プログラムを立ち上げています。いずれも社内の人材を会社の目標と同じ方向に向かせ、サイロ化や封建的な組織を解体し、社員一人ひとりの才能を解き放つことを目指しています。多くの人が考えているより実現は容易なのかもしれません。

リーダーの理念

グーグル社が社内での「有能な管理職」に必要な資質を調べるために、解析プログラムを使って「プロジェクト・オキシジェン」を立ち上げたとき、関わった多くのスタッフは技術的専門知識がトップに来るだろうと予想していました。ところが蓋を開けてみると、上位8つの資質のうち、技術力はいちばん最後だったのです。多くのスタッフにとって大事なのは、自分を信頼し、絶えず気を配ってくれ、仕事もプライベートの生活も気にかけてくれる仲間だったのです。なかでも注目すべきは、解決策を与えるのではなく、逆に質問を投げかけることで自力での問題解決を引き出してくれるマネージャーが好感を持たれたことです。答えを与えてしまうと、そこで自分の優越性を示して会話は終わってしまいますが、問題解決のためになる質問を投げかければ部下を信頼していると思われます。つまり、君には一人で解決する力があるはずだ、必要なのはちょっとしたヒントだけだと。ここでもまた質問は解決を導く切り札となり、人間同士の結びつきがモチベーションを高めると証明されたのです。

一緒に働いている仲間を信頼することで、困難な中でも共に頑張れるという信頼感が生まれます。結果としてスタッフの自信が高まり、自分は成功すると信じられるのです。人は信頼されると、自分自身をも信じるようになります。そしてシステムの恩恵を受けているスタッフほど、システムに対して責任感を感じるようになります。サポート、手助け、メンタリング、リーダーシップは補完関係にあり、そこから豊かな関係性が育まれるのです。

専門知識を持っていることや全知全能であることこそが大事なのだ、などと考えている経営幹部は自分の部下を大事にしていません。私が知っているある優秀なマネージャーは、自分の部署のメンバーやその家族、彼らのキャリア、そしてプライベートでの夢や目標に興味を持ち、心の中ではよく気にかけていました。でもこれは些細なことだと思って、みんなへの関心を表立って態度に出すことはしませんでした。しかし部下への気遣いを明らかにしたときに、周囲の反響は驚くべきものでした。部下たちは一人の人間として扱われたことで、仕事に情熱を注ぎ、ありったけのエネルギー、創造力、企画力を発揮するようになったのです。ピグマリオンの実験とグーグルの事例から言えるのは、人を信じることこそ、優れた成果を引き出すもっとも簡単な手段だということです。ここで言っているのは単なる「仲良しこよし」的な人間関係ではなく、ともに働く人々を深く知るということです。相手を見る。知る。理解する。いつもどこかで気にかけていることを口にする。これをあえて時間をかけてやってみてください。簡単に聞こえますが、実際、いたって簡単なことなのです。

私は職業人としてのキャリアのあいだずっと、企業がエネルギーとアイデアの化学反応を炸裂させるために、組織の再構築（リストラクチャリング）やリエンジニアリング、そして再編成を繰り返すのを目の当たりにしてきました。これには、「枯れ木」と揶揄される人材の排除が伴います。しかしこうした人たちは最初から「死に体」だったのでしょうか。企業は死んだ人を募集し、採用してきたのでしょうか。そんなはずはありません。かけるべき時間や配慮が欠けていたために、彼らの中に当初はあった好奇心や才能を殺してしまったのです。

権力を分散させる

私がアラップ社のエンジニアたちに世にはびこる人事査定の話をしたとき、

彼らの当惑しながらも驚きに満ちた表情は見物《みもの》でした。彼らはその意味を理解はしたのですが、どうすればそれが生産性の向上につながるのか想像もできなかったのです。アラップ社とは世界でも有数の総合建設企業で、北京五輪の鳥の巣（バード・ネスト）スタジアムやロンドンの高層ビル・通称チーズグレーター、オーストラリアで国内最長の橋、ベルリンのバイオリアクティヴ・ファサード［★5］といった、最先端にして独創的な建築の数々を手がけてきた実績があります。創業以来69年間、同社は赤字になったり、借金したり、規模が縮小することはありませんでした。30年以上にわたりアラップ社で働いてきたテリー・ヒルは、同社の成功の理由は常にヒエラルキーを最小限に抑えてきたことだと言います。

「アラップ社に来る前は、いつも厳格なピラミッド体制がある組織で仕事を

★5　熱やバイオマスを発生させる建築装置。

していました。でもここでは私は信頼され、自分の仕事にだけ専念させてもらえます。たとえば休暇から戻ると、私が最初に参加したプロジェクトでの上司が私のために働くことになっていました。それが今度のプロジェクトでは私が彼の上司になったんです」

アラップ社では、こうした柔軟な取り組みは珍しくありません。プロジェクトチームは業務に必要とされる専門知識と、個々のエンジニアが伸ばしたいと考えているスキルを考慮して、結成されます。ヒルによれば、ロンドンの高層ビルの設計からアフリカでの環境開発へと異動したエンジニアがいたと言います。彼女は新しいスキルを学びたいとつねづね考えており、彼女の目標達成を助けることが会社の組織能力の強化につながったというのです。アラップ社における「成功」とはキャリアの階段を上ることではなく、あらゆる分野でリーダーシップが発揮される分散的なシステムを築き上げることなのです。

「私たちは空席のポストを埋めるためだけの人材募集はしません」と、フィル・フッドは言います。「事実、業務内容の規定なども特にありません。当社はほどよくゆるい組織なんです。業務そのものでは規律も方法もきっちり決められていますが、どうやって仕事を進めるかはなるべく柔軟にしているんです」

アラップ社のエンジニアチームと昼食を囲んだ経験は、他の企業とは様子が異なりました。特筆すべきは、仕事について生き生きと語る彼らの語り口や、（ありがたいことに）メディア対応用の訓練など受けていない率直な話しぶりだけではありません。仕事内容についての話とその口調がぴったり一致しているのです。テーマによって、その分野でもっとも経験値が高かったり、いちばん見識が高いスタッフが前面に出てきて、会話がよどみなく流れていきます。私が目の当たりにしたのは、ヒエラルキー（上下階層）ではなくヘテラルキー（多頭階層）、つまり必要性に応じて変化するゆるい人間関係だったのです。

「ヘテラルキー」という考え方の中心にあるのは「そこにいる全員が必要とされている」という信念です。人間の脳も階層的ではなく、さまざまな分野の能力が課題に応じてさまざまな組み合わせで使われます。これと同様に、クリエイティブな組織でも、一人ひとりの存在に意味があるのです。優秀なチームでは、立場の重要性を示す肩書よりも、メンバー全員が重要なのです。全員が「誰もが大事」というシンプルな考え方を体得すれば、一人ひとりの貢献度も向上します。これは全員が同じ仕事をするという意味ではありません。個々人の専門知識や得意分野はそれぞれ大切にしつつ、仕事の内容によってリーダーシップを良い意味で流動的にするということです。

最高のアイデアこそがリーダーとなる

働く人は誰もが大事。世界有数のトマト加工業者であるモーニングスターも同じ理念で経営されていますが、表現は違います。社内には役職やランク、待遇の差がありません。企業内のスローガンは「知識こそがリーダー」です。アラップ社同様、そのときどきのプロジェクトや問題の解決にいちばん適性がある者がリーダーに選ばれる仕組みなのです。英国の製造メーカーのグリップルでも同じ精神が流れています。CEOは他のスタッフと同じフロアに座っており、社内の唯一の「業務内容」はいたって簡単、すなわち「ボールが落ちてきたらキャッチすること」です。ジム・ヘンソン［★6］は清掃員を会議の席に招待していました。こうした事例はヒエラルキーをなくし、形式上の職務内容や職位を一掃することによって、誰もが責任感を持ってベスト

★6―テレビ番組『セサミ・ストリート』で知られる操り人形師。

の力を出せるよう、意図的に設計されているのです。

アラップ社を訪問したとき、オフィスが世界各地にあるけれども、一目でわかるアラップ社のオフィスの特徴は何かとエンジニアたちに尋ねたことがあります。

「誰が役員なのかわからないこと」とある者は答えました。「どのオフィスも見た目は違いますが、みんなでテーブルを囲んで仕事をしているので、誰が上司なのかわからないことはどこでも共通しています」

階層化があると、少数の者が権力を持ち、残りの者はそれに従うか、あるいはつまはじきにされる組織になりがちです。でも上下関係を減らすのに意識的な組織ならば、誰もがリーダーとしての自覚と、自分も他者もともに成功できるような度量を持てます。これでメンバーが目標達成のためにお互いに責任感を持つという、チームワークの神髄に近づけるのです。よく理解していて、信頼し、大事に思っている人々に囲まれ、しかも自分が成功できると信じられるなら、どうしてその人たちを失望させようとするでしょうか。

力を手放したときに持つ力

1989年のモントリオール議定書で、南極大陸のオゾンホールの原因であるとしてフロンを段階的に除去することが決議されました。フロンは冷蔵庫、エアロゾル・スプレー、自動車など数多くの製造業で広範囲に使用されています。そこでこの化学物質フロンの代替製品の開発競争の火ぶたが切られたのです。弱冠39歳の、ICI社のフッ素化学部門のマネージング・ディレクターであるジェフ・タッドホープはとりわけ大きな課題に直面しました。彼には専門知識が欠けていたからです。

「私は化学者でもエンジニアでもありません。大学の学位は法律で取りました。だからこそ、指示を出すうえで非常に気を遣ったのです。私の下には優秀な人材が集まっていて、当社はその分野で実績があることもよくわかっていました。私はより人間的なレベルでのリーダーシップを発揮しようと考えたんです」

タッドホープも、その上司であるエンジニアリング統括責任者のフランク・マスレンもこの課題の大きさに加え、前代未聞のスピードが要求されていることで、従来とは違う考え方や仕事が必要だとわかっていました。「はたして私たちにできるのか、誰にもわかりませんでした」、タッドホープは振り返ります。「しかしマスレンは私に3つの考え方を教えてくれたのです。『ここにはスター・プレーヤーはいない。みんな、ただの科学者で、一人が抜きんでているわけではなく、それぞれがそれなりに良い意見を持っている』と。次に『われわれの取り組んでいることはただひとつ。想像できるかぎり最高のものを作ること』。そして最後が『君はいらない口出しをしないように』」

タッドホープはこのメッセージの真意を理解しました。イノベーションが求められているとき、権力は混乱を引き起こし、破壊的になりえます。そしてこれだけの緊急性とスケールを持つ課題に立ち向かうには、どんな小さな意見や才能、アイデアも無駄にはできないというマスレンの考えに大賛成でした。「チームの誰もが大切である」。この原則を守らせることがタッドホープの役割でした。

「メンバーの雰囲気や様子を観察して、みんなが自分の言いたいことを言えているかどうかに気をつけました。ミーティングでは私はオブザーバーとして、聞き役に徹しました。疎外されたり、蚊帳の外に置かれたりしている者がいないか、静観している者はいないかと。でもそんな心配は無用でした。チームには女性科学者もたくさんいて、ミーティングでは積極的に発言していました。チームの一人ひとりが精力的に働き、真剣でした」

技術的な専門知識がないために、会議の不介入を決めこんだからといって、タッドホープは何もしていなかったわけではありません。メンバーがのびのびと仕事ができるように、チーム内では信頼関係と率直さを維持できるように、外では上司に進捗状況を報告することでチームを守っていました。干渉を極力抑え、メンバーを信頼したことは見事な結果をもたらしました。もっとも権威ある国際環境協定であるモントリオール議定書は1996年までのフロン撤廃を求めていましたが、タッドホープ率いるチームは1994年にフロンに代わる物質を発表したのです。

「デュポンも含め、あらゆる競合企業に先駆けて新技術を開発し、アメリカ市場のシェアをゼロから40％へと伸ばしました。そして1993年には王立エンジニアリング・アカデミーからマクロバーツ賞を受賞しました。信頼とチームワーク、それから思いつくかぎり最高の水準で仕事をしているという高揚感、これらのおかげで偉業を達成できたんです。私にとってもすばらしい学びの機会になりました」

権力が抱える問題

「人間は権力を手放すほど、力を持つと私は考えています。なぜならまわりから信頼され、支援されれば、人は自主性を発揮して相手を失望させるような行動はとらないからです」。ポール・ハリスは言います。「管理職を評価する際には、部下の人数ではなくて、どれくらい部下に好きなように仕事させているかを見ます。自分に同調する人々から学ぶべきことはないですから、誰もが、私、あるいは上司に反対意見をはっきり言ってほしいと思っています」

ポール・ハリスは南アフリカのファーストランド銀行の共同創業者であり、

元CEOです。裕福ですが、お金やステータスの話題は好みません。従業員全員が平等になるように尽力しており、みんなが彼の下で働いているとは思っていません。自分は彼らと一緒に働いていると考えているのです。

ファーストランド銀行はアフリカ南部でイノベーション力に優れ、信頼できる融資銀行として知られています。2000年には、買い手と売り手を結ぶ電子決済システムを導入し、携帯電話による銀行取引システムを開発しました。こうした革新的なサービスは、枠に縛られず、才能に溢れた組織の構造から生まれたものだと、ハリスは断言します。彼と話せば、彼の社内が平等であるための取り組みは自分の体験に基づいているのだとわかるでしょう。

一方で、厳格なヒエラルキーはかえって運用が難しいと彼は考えています。情報は上から下には流れにくく、誰がいちばん力があるかを見定めながら働くのはエネルギーと時間の無駄にすぎないからです。ジェフ・タッドホープがフロンの代替物質の開発でスタッフに口出ししなかったのは、権力の誇示は研究開発のためにならないとわかっていたからです。

権力とは高い報酬や特権と同一視されがちですが、そこがまさに問題なのです。ピラミッド構造が厳格なほど、その危険性も大きくなります。たとえば権力者に与えられる高い報酬の多くはそれだけで孤立を生みます。プライベートジェットに飛行機のファーストクラス、専用リムジン、角部屋のオフィスは四方を壁に囲まれ、風通しが悪いものです。そして権力は人を変えてしまいます。

管理者として権力を持つ人は、持たざる者に対して無関心になりがちです。実験してみると、このような人々は物理的な意味での他者の視点や認知力、気持ちを汲むことが難しいので、正確な判断ができず、どちらかというと力を持たない人への理解が浅くなってしまいます。最近では、権力を持つ人の脳画像を分析してみると、他人への共感力に欠けることがわかったというデータもあります。権力が持つパラドックスとは、指導者には他者への理解が不可欠なのに、実際はそれが難しいということなのです。

「私は彼らの意見をもっと聞くべきだったかもしれない」。とある最高執行責任者（COO）は、私の前で悔しそうに非を認めました。自分が所属していたグローバル企業が迷走していることに不満を持ち、それを解決するにはまわりの優秀なスタッフを活かすことだと理解はしていました。このCOOは部下を評価し、部下たちが会社の行く末を心配していることも知っていました。しかし、彼は助けを求めることができませんでした。指導者というものはすべての答えを知っているべきだ、指導者として自分は全知全能であるべきだという考えにとらわれて、どうすることもできなかったのです。

優れた思想と同じで、権力は解き放たれてはじめて最大限の効果を発揮します。かのCOOが助けを求めさえすれば、優秀な若手たちが知識を総動員して、強固なヒエラルキーやサイロを打ち壊すことができたはずです。ジェフ・タッドホープがICIで見つけたように、部下やまわりの人材に大きな権限を与えるほど、アイデアがより洗練されたり、リスクを初期の段階で浮かび上がらせたりできるのです。

私たちの文化では、とかくリーダーを英雄視しがちですが、ほとんどのCEOは必要な人材や情報を得るために、堂々と意見し、組織内の底辺まで見渡してくれるまわりのスタッフに全面的に頼っています。私たちは巨大企業はカリスマ的で才能のある天才一人が経営していると思い込んでしまいますが、本当にクリエイティブで、時代に適応できる企業はビルの高層階フロアにいる経営陣に権力を集中させることはありません。スーパースターCEO伝説の中でも最高位にいるスティーブ・ジョブズですら、アップルのデザインを一人で決めていたわけではないのです。

「アップルの製品はどこよりも優れたデザインでユーザーエクスペリエンスが高く、セクシーだとか何とか言われていますが、その理由は世界一のデザインチームのおかげというのはアップルに関する最大の誤解です」と元アップルのデザイナー、マーク・カワノは言います。「デザイナーだけでなく、チームの誰もが操作性やデザインのことを考えていて、それで製品がより良いものになるのです……つまり一人のデザイナーやデザインチームが手がけるよりもはるかに優れたものを生み出すのです。組織がうまく機能しているのはトップダウンだからではありません。全方位で全員が権限を持っているからです。誰もが製品を良くすることを自分の仕事だと思っているんです」

自分の持ち場から生まれるリーダーシップ

ヒエラルキーは分断を生みます。人々はどうコミュニケーションをとればいいかわからず、途方に暮れて見つめ合うことでしょう。一方には権力の重みに耐えかね、孤立した経営陣が、もう一方には新しいアイデアや知識、経験、元気いっぱいの個人が集まっています。後者は安心して立ち上がり、どんどん進めていいんだよというゴーサインが出るのを待っているのです。「どうなんでしょう、やっていいんでしょうか。誰にもやれとは言われていないし、私はリーダーでもありません。実際私の仕事でもないんです……」。彼らは私にこう言います。

たしかに自分の仕事ではないかもしれません。でも、自分の人生です。人は仕事に生涯約10万時間を費やします。行き場のないアイデアを持ちながら足踏みさせられるには長すぎる時間です。どんなに厳格なヒエラルキー下で働いていても、その隙間を縫って貢献できる余地はあるのです。医療業界には、世界でもっとも上下関係が厳しい職場文化があります。医学部ではたとえ間違っていようと、先輩医師の判断が優先されるという序列を叩き込まれる「暗黙の授業」があることはよく知られています。医者は時間もかかり難易度も授業料も高い教育の末に高収入と安定性が約束される職業です。社会的に地位が高くても、老齢のヤブ医者の診断が、より優れた新米医師のそれに優先されることは患者にとって危険です。こうして数々のチェックリストが考案されました。

ある大病院では大きな手術の際に単純なチェックリストを導入した結果、死亡患者と合併症の発生を3分の1以上、抑えることができました。手術で消耗した医師たちはチェックリストによって患者の命取りとなりかねない細かな手続きを思い出したからです（たとえばチェックリストには、手術前にチーム全員がお互いの名前を知っているかという項目があります。優先順位は低いかもしれませんが、社会資本として知っておいて損はありません）。しかしチェックリストの真の力はヒエラルキーを崩壊させたことにあります。駆け出しであろうとベテランであろうと、優先されるのはチェックリストの項目だからです。チェックリストの管理がチームでいちばん下の者に任されるのも珍しいことではありません。必要な手順がまとめられたこのささやかな仕組みこそが、病院に定着していた古い権力構造を窓の外に放り出したのです。

医師たちがチェックリストの参考にしたのは、1950年代に日本で活動していた統計学者W・エドワーズ・デミングの研究を借りた航空業界の事例でした。製造業の分析に主眼を置いていたデミングは従業員のあいだにある障壁を取り除き、恐怖心を排除し、年次評価などの評価制度を廃止すべきだと主張していました。デミングが伝えようとしたことはいたってシンプルでした。つまり「責任をとるときには誰からも許可をもらう必要はない」ということです。チェックリストはこの原則を具現化していました。少数の掌中にある権力を分散させ、一人ひとりが権限と責任を持てるようにしたのです。

ハッカソンでアイデアを叩きつける

どんな企業も、従来のやり方がもはや通じない、効果的ではないという危機を迎える瞬間があります。こんなとき、ほとんどの企業の対処法は次のどちらかです。ひとつはCEOが単独で、あるいは少数の腹心たちとともにまったく新しい構造とビジョンを編み出し、厳しいヒエラルキー構造に従って下達していくやり方です。または、客観的な（もしくは何もわかっていない）外部コンサルタントが雇われ、古い手法に新鮮な発想を吹き込んで解決しようとします。いずれのシナリオでも実現不可能な楽観的計画や期待が、少数の例外的な人たちに押しつけられ、えてして失敗に終わります。

しかし、実際に現場で働いている人々ほど組織に尽くす人たちはいません。彼らは日常的に、改善できそうなこと、あるいはやるべきなのにまったくできていないことを目の当たりにしています。ＩＴソフトウェア業界では、多数のプログラマーが集まって短期間に集中して新しい製品やプラットフォームの設計や改善をする場として「ハッカソン」［★7］が注目されるようになりました。ハッカソンは現在、さまざまな組織で用いられるようになっています。ピクサー社のジョン・ラセターは会社が巨大化してコストが高くなりすぎたと考え、会社の再活性化のためのアイデアを募ろうとハッカソンを行ないました。また、アメリカ政府は政府機関を改善するアイデアを集めるため、2011年にハッカソンを実行したこともあります。同様に、学校はカリキュラム改善のために、科学者は異なる学問領域を融合させるために、ハッカソンを立ち上げました。英国では地方自治体が町の将来を決めるハッカソンを行ないました。目的は特定の課題や挑戦、または問題に対して、限られた期間にできるだけ多くの頭脳を集結することです。ハッカソンはス

★7─仕事の質や効率を上げるための工夫を意味する「ハック」と「マラソン」を組み合わせた造語。

ピード感があって、熱気に満ち、不思議に楽しくもあります。

ハッカソンを成功させるには、具体的かつ現実的なゴールを定め、きちんと構成立てることが重要です。一般的にハッカソンはコストや時間管理、企業文化といったビジネス上のよく知られた課題をテーマにすることが多く、複数のグループが額を寄せ合い、課題に対して実践的な提案を提出します。ひとつの会場に集まるときも、バーチャルで行なわれるときもあります。必ず締切が設定されており、参加者はどの課題を片付けるのか選ばねばなりません。会社の幹部はハッカソンの企画はしても、参加することはありません。目指すのはアイデアと知見をスピーディに、かつ激しく叩き交わせるような、徹底的にオープンな環境だからです。各グループは、初日か2日目の終わりに、もし採用されれば自分たちで責任を持って実行できる、現実的な提案を発表します。

私が最近出席したハッカソンでは、ビジネスユニット全体が終日仕事を中断して集中しました。みな、集まる前にその日のテーマや課題を提出していましたが、その多くは大きな問題でした。「どうしてこの会社は○○できないのか？」「もし○○できたらどうするか？」。社員たちは1時間ごとにグループを替え、1日のセッションの終わりには、多くの、言葉を交わしたことのない同僚と一緒に、同じ課題に複数の角度から取り組んでいました。そこから浮かび上がったのは変化を促すための広範囲かつ細部まで検討し尽くされた提案でした。エネルギーと責任感に溢れ、実践的で独創性に富んでいました。1日足らずのあいだに、気難しくて、バラバラで、不満だらけの組織から、達成感と可能性に満ちた活力のある組織へと変化しました。

ピクサー、ピュブリシス社（フランスを代表する広告代理店グループ）、グラント・ソーントン事務所（アメリカの著名会計事務所）、リーズ・ティーチング・ホスピタルズ・NHSトラスト（イギリス有数の医療ケア施設）、ファクトセット・リサーチ・システムズ社（アメリカのソフトウェア企業）をはじめとする多くの組織は、自分たちの組織にある潜在性に触れ、深い見識やアイデアを見つけるためのツールとしてハッカソンを採用しています。ハッカソンは内部闘争を減らし、ときに足を引っ張り合うリーダーたちのあいだに信頼関係を築くのです。うまくいけば、優れた組織にある小さな才能のすべてが引き出されます。豊かな知見を持つさまざまな人々がともに作業し、勇気を持って意見を戦わせることができる絶好の時間と場所となるのです。そこから生まれるものとは何でしょうか。課題の解決案だけではありません。その解決策を実現するための社会資本です。

また、ハッカソンの中でリーダーや指導者が自然に頭角を現します。肩書きや地位とは関係ありません。彼らは「公正な文化」から生まれてくるのです。どんな人にでも才能があるということを受け入れると、リーダーはどこにでも出現します。彼らは仕事を完了させるだけでなく、どのようにやるべきか、そもそもやる必要がある仕事なのか、どうしたらもっとうまくできるかを考えます。他の人と協力して考え、自分の考えを言葉にし、相手の話を聞き、変化を厭《いと》いません。これは豊かな人生経験や人の話を聞く能力、集中する時間と豊富な知識、そして健全な社会資本が備わっていれば、より簡単にできるようになります。こうして育ったリーダーは、他者の成功に力を貸せば自分も成功することを知っていますし、他者とともに勝ち得た成功やそのおかげで感じた喜びや活力、献身はいつまでも続き、また何度でも繰り返せることを実感しています。

エピローグ

矛盾と不測の事態

察しの良い読者ならば「公正な文化」を醸成し、鍛えていくことに内在するいくつかの矛盾にすでにお気づきかもしれません。頭を休めることも、頭を知識でいっぱいにすることも必要です。集中し、気を配ることは非常に大切ですが、世界に飛び出して自分の足で歩き回ることも同じくらい大切です。経験値や専門知識は大事ですが、これで序列ができると障害になってしまいます。一人で考えることだけでなく、他の人とともに考えることも学ぶ必要があります。考えを口にすることは大切ですが、黙って人の話を聞くべきときもあります。

この本は成功への簡単レシピ集ではありません。即効性のある5つの習慣、

6つのスキル、または7つの行動といったものが書かれているわけではないのです。そういうスタイルをあえて採っていないのは、ビジネスでのリーダーシップというのはあまりにも多くの不測の事態をはらんだ複雑なもので、単純な取扱説明書に落とし込めないからです。マニュアル本を求める人は欲求不満が募るでしょうし、逆にこうしたダイナミズムを受け入れられる人は自ら成長していきます。組織とは複数の要素の集まりなので、特効薬は存在しません。むしろ組織を構成する人々に大きな影響を持つ「公正な文化」に反応して変化するのです。私たち人間には「静」と「動」の両方の時間が必要だということ。また行動だけでなく、その振り返りのための時間も必要だということ。自身の知識を伸ばす一方で他の人たちの潜在能力をも認められる器も必要だということ――こうした考え方を育んでくれる文化があれば、人は柔軟になり、変化に対して前向きに誠実に対応できるようになります。

本書で述べたようなことはすぐに時代遅れになるし、あるいは時代遅れになってしまえばいいと考える人もいるかもしれません。コンピュータのアルゴリズムで多くの仕事が不必要になり、人間がいらない領域は増えていきます。ただし、アルゴリズムは労働を効率化するといっても、新しいアイデアを生み出したり、人間が求めるものに温かく、クリエイティブに対応したりすることはできません。ましてや、人とのふれあいの喜びを感じるという意味ではほとんど役に立ちません。人間同士の摩擦を取り除けば体験が豊かになるわけではないのです。機械では作り出せないもの、つまり人間の創意工夫の力と人とのつながりを最大限まで活かそうとするほうがずっと良いのです。

また、読解力の高い読者なら本書の根底に流れる意味をも読み取ったかもしれません。本書に書かれた小さな変化は組織に大きな影響をもたらすのと同様、家族や人間関係、地域社会にもインパクトを与えます。本書のテーマはビジネスですが、私はビジネスに限定したつもりはありません。私たち人間の活動は、この世界での営みすべてに関わるものだからです。実際ビジネスは、現実の社会や環境から切り離された途端に害を及ぼしがちです。必要なのは、効率性を追求して2つの世界を分断することではなく、その垣根を横断して生きようとする柔軟な思考です。ビジネスと社会との関係は、現代の私たちが直面する喫緊の課題のひとつですが、双方が互いに必要であり、補完関係にあるということを受け入れないかぎり解決されません。ビジネスと社会のどちらが大事かという議論に勝者が存在するという考え方では、私たちは全員、敗者となるでしょう。

人生の目的は失敗や摩擦をなくすことではなく、他者と関わることで人生をより豊かで充実させることです。同様にキャリアアップや組織を大きくする目的も、できるだけ失敗を避けることではなく、一度失敗してもまた立ち直れる関係性を社会と育むことといっていいでしょう。というのもキャリアも組織も社会とのギブ・アンド・テイクの中で成長するからです。キャリアと組織の成長のためには静と動、行動と反省、集中の時間と大胆な冒険、時間、尊厳、失敗、創意工夫、謙虚さ、そして失敗しても立ち直れるはずだという自分への自信など、人生が育んでくれる小さなことすべてが必要なのです。

そして最後にもうひとつ……

コロラド州デンバーのとあるリゾートでは、カスタマーサービスのチームにやる気と自信を与えるため、単純な仕組みを考案しました。ひとつ業務が終わったら、「お客様の満足のために、あともうひとつだけできることはないだろうか」と考えるようにしたのです。あるときは、道に迷った人に正しい道順を教えただけでなく、その先の道中を思って軽食や水を提供しました。またあるときは、繰り返し発生する問題に対する簡単な対応策を電話オペレータがすべてリストアップし、マニュアルにまとめたこともありました。従業員たちはどんなときでも、より良い結果のために、自分ができる「もうひとつ」のことを見つけました。自分たちが考えたアイデアだったからこそ、楽しんで実践できたのです。

本書での「最後のひとつ」も簡単なことです。考えてみてください。「これまでのあなたの仕事に大きなインパクトを与えた小さな変化は何でしたか？」しばらく自由に考えてみましょう。きっと何か見つかるはずです。そして見つかったら、それを他の人とシェアしてください。

SMALL STEPS LEAD TO HUGE CHANGE.

小さな一歩が大きな変化を生み出します。

謝辞

本書は何年にもわたる厖大《ぼうだい》な数の対話、失敗、反省と調査から生まれており、その一つひとつを列挙したら本文よりも長くなってしまうほどです。したがって、ここではごく最近、私の思考に刺激を与え、反論してくれた人たちに絞って感謝の言葉を送ることにします。筆頭に挙げたいのは世界各地で仕事をともにした企業幹部のみなさんです。彼らが直面している課題をこの目で見て、その仕事に特有の多義性や複雑さ、フラストレーションや喜びをともにしたのは常に貴重な経験でした。一緒に働くなかでみなさんが示してくれた誠実さと寛大さに感謝します。みなさんのおかげで、人間はより良いものを求めて仕事をするのだという私の信念に確信が持てました。

私の仕事を精力的に支え、また私の困ったスケジュールにも寛大に対応してくれたメリック社のメンターたちにも感謝します。彼らの卓見と経験、そして率直さにはいつも啓発されました。これほど心が暖かく、優秀で、多様な仕事仲間に恵まれて、本当に幸運です。

一緒に働いた組織の多くは驚くほどオープンでした。そのことに感謝いたします。なかでもスヴェリン・シュワン、シルヴィア・アイユービ、マーガレット・グリーンリーフ、ディナ・サブリ・フィヴァズにお礼を申しあげます。彼らとの会話はどれも考えさせられるものでした。イギリス・バース大学ではヴェロニカ・ホープ＝ヘイリーとクリストス・ピテリスが優れた論争相手であり、仲間となってくれました。同様にフットダウンとアカデミー・フォー・チーフ・エグゼキュティブ、アラップ社、キングズ・ファンドもオープンで率直なフォーラムを提供してくれ、特に社会資本の重要性とそれが持つ力について考えを深めることができました。

ＢＢＣではヒュー・レヴィンソン、ジェマ・ニュウビー、ヘレナ・モリソンに「正当な文化」のリサーチでお世話になりました。ベン・アルコット、シーラ・エルワージー、アダム・グラント、ヴァーン・ハーニッシュ、ピーター・ホーキンス、キャシー・ジェイムズ、ドナルド・ロウ、マリア・ルポールは寛大ですばらしい思考のパートナーでした。本書の最後の部分のアイデアはシンディ・ソロモンに負っています。企業というものについての彼女の歯に衣着せぬ洞察は常に独創的で、励みになりました。ジェニ・ウォーは実りがあるはずだと私が思っていた人たちやアイデアに辛抱強く付き合ってくれ、ステファニー・クーパー=ランドは私のタイトなスケジュールから執筆時間を捻出してくれました。そして、いつものように、ひとりぼっちの執筆作業を孤独でないものにしてくれたエージェントのナターシャ・フェアウェザーにも心から感謝します。

この本はそもそも、TEDの最強チームによる熱烈な応援と励ましがなければ、書かれることはありませんでした。とりわけジュリエット・ブレイクとジューン・コーエンには、お返しなどできないくらい私の仕事を応援してくれたことに感謝します。そして対話を犠牲にし、効率が礼賛される時代だからこそ、ミシェル・クイントに感謝します。彼女の編集者としての本能はいつも変わらずクレバーでシャープなものでした。

本というのは著者の家族の犠牲の上に成り立っているものですが、なかでも本書は多くの犠牲を生みました。リンジーとフェリックス、レオノーラが夏休みと多くの週末を台無しにさせられたのをどうやって我慢できたのか私には知る由もありませんが、その犠牲を数値化できるならば、それだけの価値があったと考えてくれるよう願っています。その忍耐力ばかりではなく、彼らが積極的に耳を傾け、議論してくれたことに私がどれだけ感謝しているかは、彼ら自身がわかっているに違いありません。

この本をパメラ・メリアム・エスティに捧げます。私が知っているなかでも、もっとも時代精神に通じているコラボレーターでした。クリエイティビティについての私の知識や考え方は彼女が基準になっており、彼女と共同作業できたのは、私の仕事人生での大きな喜びのひとつです。

参考文献・読書案内

第1章

シーラ・エルワージーが自身の仕事について書いた『内なる平和が世界を変える』(伊藤守監訳・城下真知子訳、ディスカヴァー・トゥエンティワン、2016年)は、彼女が生涯をかけてきた「問題変容」の仕事の物語。また、彼女のTEDxExeterでのトークはここで見られる。
http://www.ted.com/talks/scilla_elworthy_fighting_with_non_violence?language=ja

人間には自分の失敗をあまり公にしたがらない傾向があるということは、ベルリンのヨーロッパ経営・テクノロジー学院のヤン・ハーゲン教授によって深く研究されている。
http://reputabilityblog.blogspot.co.uk/2014/11/error-management-lessons-from-aviations.html

トレス・ワイン園の失敗の記録簿についてはヴァーン・ハーニッシュに教えてもらった。

エド・キャットマルの『ピクサー流創造するちから——小さな可能性から、大きな価値を生み出す方法』(石原薫訳、ダイヤモンド社、2014年)は素晴らしい洞察に満ちている。

第2章

トマス・マローンはMITの集合知研究センター(Center for Collective Intelligence)の所長を務めている。彼の研究についてはこちら。
http://cci.mit.edu
本文で触れた実験についてはここに解説がある。
http://www.sciencemag.org/content/330/6004/686.abstract
新しい研究によれば、インターネット上のコミュニケーションでも同じ結果が得られるという。

アレックス・ペントランドの研究は彼の著書『ソーシャル物理学——「良いアイデアはいかに広がるか」の新しい科学』(小林啓倫訳、草思社、2015年)にわかりやすくまとめられている。

彼にはTEDxBeaconStreetでのトークもある。

https://www.youtube.com/watch?v=XAGBBt9RNbc
ここに載っている記事もとても良い。

https://hbr.org/2012/04/the-new-science-of-building-great-teams

リチャード・ハックマンの生涯の研究テーマはチームワークだ。彼の著作はここにまとめられている。
http://scholar.harvard.edu/rhackman/publications
特に、CIAの情報チームとともに行なった次の研究は必読と言わねばなるまい。
https://fas.org/irp/dni/isb/analytic.pdf

ディアーヌ・クチュによるこの論文も重要だ。チームワークがうまくいかない原因について考察している。
https://hbr.org/2009/05/why-teams-dont-work/ar/1

助け合い精神に関する研究は現在ますます豊かになってきている。さらに詳しく知りたい場合は、以下のものがおすすめ。いずれも洞察に富んでいる。
"Organizational Citizenship Behavior and the Quantity and Quality of Work Group Performance," by Philip M. Podsakoff, M. Ahearne, and S. B. MacKenzie:
http://www.ncbi.nlm.nih.gov/pubmed/9109284
"IDEO's Culture of Helping," by Teresa Amabile, Colin M. Fisher, and Julianna Pillemer:
https://hbr.org/2014/01/ideos-culture-of-helping/ar/1
さらに、アダム・グラントの『GIVE & TAKE——

の素敵なTEDトークがある。
http://www.ted.com/talks/nilofer_merchant_got_a_meeting_take_a_walk?language=ja
マリリー・オッペッツォの「Give Your Ideas Some Legs」を読んでもよい。
https://www.apa.org/pubs/journals/releases/xlm-a0036577.pdf
このテーマは、アリアナ・ハフィントンの『サード・メトリック——しなやかにつかみとる持続可能な成功』(服部真琴訳、CCCメディアハウス、2014年)でも大きく取り上げられている。

文学作品を読む利点についてはデイヴィッド・カマー・キッドとエマヌエーレ・カスターノが深く考察している。
http://www.sciencemag.org/content/342/6156/377.abstract

第4章

オープンプランのオフィスに反対する、マリア・コニコヴァによるウィットに富んだ議論「The Open Office Trap」はこちら。
http://www.newyorker.com/business/currency/the-open-office-trap

私が食事を出したり食材を刻んだりした会議というのは、国際IC協会(Initiatives of Change)がスイスのコーで開いたもの。
http://www.iofc.org

第5章

教室におけるピグマリオン効果について書かれた最初の論文はこれ(https://www.uni-muenster.de/imperia/md/content/psyifp/aeechterhoff/sommersemester2012/schluesselstudiendersozialpsychologiea/rosenthal_jacobson_pygmalionclassroom_urbrev1968.pdf)だが、ロバート・ローゼンタールとレノア・ヤコブソンの著書『Pygmalion in the Classroom』にもまとめられている。その後イスラエル軍の部隊で行われた研究はこちら。
http://psycnet.apa.org/?&fa=main.doiLanding&doi=10.1037/0021-9010.75.4.394

テレサ・アマービレは組織、教育、子どもの創造力について生涯をかけて研究してきた。彼女の本はどれも読む価値がある。このテーマについてはTEDxAtlantaでのトークもある。
https://www.youtube.com/watch?v=XD6N8bsjOEE

権力のもたらすさまざまな効果は『見て見ぬふりをする社会』で包括的に扱っているが、共感能力に対する影響についてはここに書かれている。
http://www.michaelinzlicht.com/wp/wp-content/uploads/downloads/2013/06/Hogeveen-Inzlicht-Obhi-in-press.pdf

アップルのデザインエートスについては「4 Myths About Apple Design, from an Ex-Apple Designer」を参照。
http://www.fastcodesign.com/3030923/4-myths-about-apple-design-from-an-ex-apple-designer

「与える人」こそ成功する時代』(楠木建監訳、三笠書房、2014年)は、従来のビジネス書の「食うか食われるか」の世界観を覆す示唆に富んだ1冊。

社会資本の構築については、ウーリ・アロンによる「How to Build a Motivated Research Group」が基本文献。科学者向けに書かれたものだが、科学者が目指すものも時間との戦いの中で難しい問題を解決することなので、誰にとっても読む価値がある。
http://www.cell.com/molecular-cell/abstract/S1097-2765(10)00040-7
彼はTEDトークでも恐怖とリスクとイノベーションの関係について明快に解説している。
https://www.ted.com/talks/uri_alon_why_truly_innovative_science_demands_a_leap_into_the_unknown

第3章

マルチタスクの弊害について書かれた文献はかなりの数に上る。その多くは前著『見て見ぬふりをする社会』(仁木めぐみ訳、河出書房新社、2011年)にまとめてある。これに関連して後世に大きな影響力を持っているのが、クリス・チャブリスとダニエル・シモンズによる、選択的注意と認知的限界についての一連の仕事である。2人の仕事は『錯覚の科学』(木村博江訳、文春文庫、2014年)にわかりやすくまとめられている。近年の新しい研究としては、エイヤル・オフィール、クリフォード・ナス、アンソニー・D・ワグナーの「Cognitive Control in Media Multitaskers」がある。
http://www.pnas.org/content/106/37/15583
「A Comparison of the Cell Phone Driver and the Drunk Driver」も参照。
http://www.distraction.gov/download/research-pdf/Comparison-of-CellPhone-Driver-Drunk-Driver.pdf
加えて、ラッセル・A・ポルドラックは脳の記憶システムの競合について多くの研究を発表している。
疲労についての文献も同じくらい多い。2つのテーマを詳しく扱ったものとして、医学博士デイヴィッド・ポーゼンの『Is Work Killing You?: A Doctor's Prescription for Treating Workplace Stress』や、拙著『見て見ぬふりをする社会』の第4章がある。初期の重要な研究としてJ・A・ホーンの「Sleep Loss and 'Divergent' Thinking Ability」がある。
http://www.journalsleep.org/articles/110604.pdf

マリアンナ・ヴィルタネンの一連の仕事はマイケル・マーモットによるイギリス政府の公務員についての研究「Long Working Hours and Cognitive Function」とともに始まった。
http://aje.oxfordjournals.org/content/169/5/596.full

レスリー・パーロウの時間に関する研究はこちら。
http://faculty.washington.edu/ajko/teaching/insc541/reading/Perlow1999.pdf

私たちは考えることが嫌いで、あまりそれに時間を割かないというデータは政府統計にある。
http://www.bls.gov/tus/home.htm#data
それを分析した学術論文はこちら。
http://www.sciencemag.org/content/345/6192/75
これはそれに関する報道記事。
http://www.washingtonpost.com/news/to-your-health/wp/2014/07/03/most-men-would-rather-shock-themselves-than-be-alone-with-their-thoughts/

歩くことで思考が促されるということについては幅広く考察されている。歩きながらするミーティングについての、ニロファー・マーチャント

著者紹介

マーガレット・ヘファナン(Margaret Heffernan)は起業家、最高経営責任者、作家。テキサス生まれ、オランダ育ち。ケンブリッジ大学卒業。TVプロデューサーとして BBCで受賞作を制作後、アメリカに帰国し、マルチメディア企業などの経営にあたる。InfoMation、ZineZone、iCASTといった会社でCEOを務める。ハフィントンポストとInc.comのブログで執筆活動。著書『見て見ぬふりをする社会』はフィナンシャル・タイムズ紙で「10年に1冊の優れたビジネス書」のひとつに選ばれた。また、『A Bigger Prize』は2015年、斬新なアイデアを提供した人物に贈られるトランスミッション賞を受賞。ビジネスリーダーたちへの経営コンサルタントに加え、世界各国のビジネススクールで教鞭をとる。公式ウェブサイトはwww.mheffernan.com

著者のTEDトーク

PHOTO:JAMES DUNCAN DAVIDSON / TED

本書『小さな一歩が会社を変える』への導入となっているマーガレット・ヘファナンの講演(16分間)は、TEDのウェブサイト「TED.com」にて無料で見ることができます。

www.TED.com

(日本語字幕あり)

本書に関連するTEDトーク

マーガレット・ヘファナン「対立の意義」

人はたいてい本能的に対立を避けようとするものですが、マーガレット・ヘファナンが明らかにするように、先に進むには良い対立が重要になってきます。自分の考えにただ同調する者は最良のパートナーではないし、研究チームも人間関係もビジネスも、深い対立を容認してこそ力を発揮できるのです。

サイモン・シネック「優れたリーダーはどうやって行動を促すか」

サイモン・シネックが、シンプルで説得力のあるモデルを使って、周りを動かすリーダーシップについて説明します。すべての始まりはゴールデン・サークルと「何のために?」という質問から。例として、アップル、マーチン・ルーサー・キング、ライト兄弟を取り上げます。

スタンリー・マクリスタル「聞き、学び、そして導く」

アメリカ陸軍大将のスタンリー・マクリスタルが、長年の軍隊経験から学んだリーダーシップについて語ります。年齢もスキルも大きく異なる人たちに共通の目的意識を持たせるにはどうすればいいのか。相手に耳を傾け理解すること、そして失敗の可能性を伝えることが大事なのです。

フィールズ・ウィカー・ミウリン「リーダーシップに関する『隠れたマニュアル』」

リーダーシップにマニュアルはないが、各地の非凡なリーダーたちがマニュアルの良い代わりになる——フィールズ・ウィカー・ミウリンはそう述べます。ロンドンのTEDサロンで、彼女は3人のリーダーについて語ります。

知らない人に出会う

キオ・スターク

向井和美 訳　本体1500円+税

「壁」の向こう側に、世界は広がっている。勇気を出して、知らない人に話しかけてみよう。ちょっとした会話でも、驚きと喜びとつながりの感覚を呼び起こしてくれる。その体験は、日々の暮らしに風穴を開け、この「壁の時代」に政治的な変化をも生み出す。「接触仮説」は正しいか。「儀礼的無関心」をどう破るか。他者との出会いを研究する著者が、異質なものとの関わっていく「街中の知恵」を説く。

煮えたぎる川

アンドレス・ルーソ

シャノン・N・スミス 訳　本体1750円+税

「ペルーのジャングルの奥深くに、沸騰しながら流れる大きな川がある」。祖父から不思議な話を聞いた少年はその後、地質学者となって伝説の真偽を探求する旅に出る。黄金の都市「パイティティ」は実在するのか？ 科学と神話が衝突し、融合する。すべてが「既知」になりつつある現代に「未知」への好奇心を呼び覚ましてくれる、スリリングな探検と発見の物語。

シリーズ案内

なぜ働くのか

バリー・シュワルツ

田内万里夫 訳　本体1400円+税

不満を抱えながら働く人がこんなにも多い原因は「人間は賃金や報酬のために働く」という誤った考え方にある。今こそ、仕事のあり方をデザインしなおし、人間の本質を作り変えるとき。新しいアイデア・テクノロジーが必要だ。そうすれば、どんな職務にあっても幸福・やりがい・希望を見出だせる。仕事について多くの著書を持つ心理学者が提案する、働く意味の革命論。

判断のデザイン

チップ・キッド

坪野圭介 訳　本体1700円+税

何事も第一印象がすべて。その見た目をどう判断し、どうデザインすれば良いだろう? 村上春樹作品(アメリカ版)の装幀でも知られる「世界一有名なブックデザイナー」が導入するのは「明瞭(!)」か「不可解(?)」か、という基準だ。ダブルクリップに地下鉄のポスター、ATMにタバコのパッケージ……「!」と「?」とで世界の見方を再定義する、デザイン=認識の技術。

TEDブックスについて

TEDブックスは、大きなアイデアについての小さな本です。一気に読める短さでありながら、ひとつのテーマを深く掘り下げるには充分な長さです。本シリーズが扱う分野は幅広く、建築からビジネス、宇宙旅行、そして恋愛にいたるまで、あらゆる領域を網羅しています。好奇心と学究心のある人にはぴったりのシリーズです。

TEDブックスの各巻は関連するTEDトークとセットになっていて、トークはTEDのウェブサイト「TED.com」にて視聴できます。トークの終点が本の起点になっています。わずか18分のスピーチでも種を植えたり想像力に火をつけたりすることはできますが、ほとんどのトークは、もっと深く潜り、もっと詳しく知り、もっと長いストーリーを語りたいと思わせるようになっています。こうした欲求を満たすのが、TEDブックスなのです。

TEDについて

TEDはアイデアを広めることに全力を尽くすNPOです。力強く短いトーク(最長でも18分)を中心に、書籍やアニメ、ラジオ番組、イベントなどを通じて活動しています。TEDは1984年に、Technology(技術)、Entertainment(娯楽)、Design(デザイン)といった各分野が融合するカンファレンスとして発足し、現在は100以上の言語で、科学からビジネス、国際問題まで、ほとんどすべてのテーマを扱っています。

TEDは地球規模のコミュニティです。あらゆる専門分野や文化から、世界をより深く理解したいと願う人々を歓迎します。アイデアには人の姿勢や人生、そして究極的には未来をも変える力がある。わたしたちは情熱をもってそう信じています。TED.comでは、想像力を刺激する世界中の思想家たちの知見に自由にアクセスできる情報交換の場と、好奇心を持った人々がアイデアに触れ、互いに交流する共同体を築こうとしています。1年に1度開催されるメインのカンファレンスでは、あらゆる分野からオピニオンリーダーが集まりアイデアを交換します。TEDxプログラムを通じて、世界中のコミュニティが1年中いつでも地域ごとのイベントを自主的に企画運営・開催することが可能です。さらに、オープン・トランスレーション・プロジェクトによって、こうしたアイデアが国境を越えてゆく環境を確保しています。

実際、TEDラジオ・アワーから、TEDプライズの授与を通じて支援するプロジェクト、TEDxのイベント群、TED-Edのレッスンにいたるまで、わたしたちの活動はすべてひとつの目的意識、つまり、「素晴らしいアイデアを広めるための最善の方法とは?」という問いを原動力にしています。

TEDは非営利・無党派の財団が所有する団体です。

訳者紹介

鈴木あかね(すずき・あかね)は東京都出身。英国ケンブリッジ大学院修士号。出版社勤務ののち、フリーランス・ライター、翻訳家として独立し、ニュース週刊誌やカルチャー誌を中心に活躍。英米圏メディアに精通していることを活かして外資系企業の日本でのマーケティングや日本の公的機関のグローバル・マーケティングのコンサルタントも手がける。訳書に『復刻版 ラフカディオ・ハーンのクレオール料理読本』(CCCメディアハウス)などがある。本書の「公正な文化」論には大賛成で、なかでも「脳には7〜8時間の睡眠が必要です」の一節はうなずくばかり。

TEDブックス
小さな一歩が会社を変える

2017年10月25日　初版第1刷発行

著者：マーガレット・ヘファナン
訳者：鈴木あかね

本文イラスト：Hannah Warren
ブックデザイン：大西隆介+椙元勇季（direction Q）
DTP制作：濱井信作（compose）
編集：綾女欣伸（朝日出版社第五編集部）
編集協力：平野麻美+石塚政行+大前水緒（朝日出版社第五編集部）

発行者：原 雅久
発行所：株式会社 朝日出版社
〒101-0065 東京都千代田区西神田3-3-5
tel. 03-3263-3321　fax. 03-5226-9599
http://www.asahipress.com/

印刷・製本：図書印刷株式会社

ISBN 978-4-255-01022-9 C0095